高校青年教师成长基础丛书
李波　主编

高校教师职业道德修养

白金山　主编

山东大学出版社
·济南·

图书在版编目(CIP)数据

高校教师职业道德修养 / 白金山主编. —济南 ：山东大学出版社，2021.1

(高校青年教师成长基础丛书 / 李波主编)

ISBN 978-7-5607-6814-4

Ⅰ. ①高… Ⅱ. ①白… Ⅲ. ①高等学校－教师－职业道德 Ⅳ. ①G645.16

中国版本图书馆 CIP 数据核字(2021)第 022508 号

策划编辑 滕希功
责任编辑 滕希功
文案编辑 张铭芳
封面设计 泽坤广告

出版发行 山东大学出版社
社　　址 山东省济南市山大南路 20 号
邮政编码 250100
发行热线 (0531)88363008
经　　销 新华书店
印　　刷 泰安金彩印务有限公司
规　　格 720 毫米×1000 毫米 1/16
　　　　 12.5 印张 231 千字
版　　次 2021 年 1 月第 1 版
印　　次 2021 年 1 月第 1 次印刷
定　　价 45.00 元

《高等学校教师职业道德修养》
编委会

主　编　白金山

编　委　（以章节为序）

白金山　胡秀俊　刘冉冉　李学坤

前　言

习近平总书记在全国高校思想政治工作会议上明确指出:“教师是人类灵魂的工程师,承担着神圣使命。传道者自己首先要明道、信道。高校教师要坚持教育者先受教育,努力成为先进思想文化的传播者、党执政的坚定支持者,更好地担起学生健康成长指导者和引路人的责任。要加强师德师风建设,坚持教书和育人相统一,坚持言传和身教相统一,坚持潜心问道和关注社会相统一,坚持学术自由和学术规范相统一,引导广大教师以德立身、以德立学、以德施教。”高等学校教师肩负着为社会主义现代化建设培养高层次人才的重要使命,其教育对象素质的高低直接代表着我国教育的成败,甚至直接关系到国家的前途和命运。而高校教师要切实承担起这一责任,除了应当具备相应的专业知识和技能以外,还必须拥有科学的执教理念,掌握开展教育活动的客观规律,懂得从事教育活动的行业规范,具备高尚的人格和良好的职业道德素质。大力加强师德师风建设,将师德师风作为评价教师素质的第一标准,推动师德建设长效化、制度化,是人心所向,势在必行。

作为高校教师培训教材,本教材在新时代新教育理念指导下,围绕高校教师“立德树人”总基调展开编写工作,呈现出以下主要特征:

第一,把准教材的政治方向。以习近平新时代中国特色社会主义思想为指导,深入贯彻落实习近平总书记关于师德师风建设的系列重要讲话精神,增强“四个意识”,坚定“四个自信”,提高政治站位,做到“两个维护”,把政治建设放在首位,把准教材的政治方向,立足于更好地为人民服务、为我们党治国理政服务、为巩固和发展中国特色社会主义制度服务、为改革开放和社会主义现代化建设服务。

第二,注重教书育人的内在要求。不仅要让培训学员了解高校教师职业道德的具体规范和要求,更重要的是让他们树立正确的师德意识和科学的执教理念。一方面,道德是主体的自我立法,高校教师要在履行教育、教学责任和义务的过程中锤炼出坚强的道德意志，从而在体验为师之道的基础上形成内在的、运用自如的教育行为习惯；另一方面，高校教师具备了科学的执教理念，才会在教书育人的实践活动中，真正做到以身作则、言传身教。

第三，突出职业道德养成的实践。注重理论联系实际，综合性地研究高校教师职业道德的建设问题，对道德与教师职业道德的内涵与本质进行探索，进一步明确高校教师的职业道德修养与规范的内涵，从高校教师的道德内化、道德品质、人格塑造等角度出发，挖掘高校教师职业道德的行为选择及评价问题，实现教师真正的道德、实践行为。注重马克思主义理论与伦理学、教育学、心理学、社会学等学科的有机结合，注重反映新时期教育部颁布的各项师德师风建设制度和规范，并辅之以大量的典型案例，增强说服力和感染力。

第四，增强教材的实用性。教材观点鲜明，逻辑清晰，语言凝练，结构规范。每章开篇设立“学习目标”，便于明确内容主旨、理清思路、掌握要点。由案例引入正文，增强可读性、生动性，便于理解掌握、触类旁通。章末设有“思考与练习”，涵盖问答题和材料分析题，既有客观知识的掌握，又有主观的认识分析，还有理论联系实际的思考与运用，便于复习巩固、加深认识和理解。

可以说，新时代广大教师贯彻党的教育方针，立德树人，教书育人，为国家发展和民族振兴作出了重大贡献。2018 年，习近平总书记在全国教育大会上指出，建设社会主义现代化强国，对教师队伍建设提出新的更高要求，也对全党全社会尊师重教提出新的更高要求。人民教师无上光荣。做教师就要执着于教书育人，有热爱教育的定力、淡泊名利的坚守。“师也者，所以学为君也。”教育者必先受教育，只有不断加强教师职业道德修养，提高师德素质，才能真正做到爱岗敬业、教书育人、为人师表。加强师德师风建设，培养高素质教师队伍，已成为当前高校教师建设的一项中心任务。在编写过程中，我们力求通过学习借鉴和吸收一些专家学者的前沿观点，立足新时代的高度，解决新形势下高校教师职业道德修养的若干新问题，使教材框架体系新颖、内容观点鲜明、形式生动活泼。我们在写作过程中还参考了部分同类教材中的研究成果，因篇幅所限，没有在书中一一注明，在此一并表示感谢。由于我们水平所限和时间仓促，书中难免有不足之处，欢迎大家批评指正。

编　者

2020 年 9 月 10 日

目　录

第一章 道德与教师职业道德内涵

学习目标

1.掌握道德的含义与本质。
2.理解职业道德的含义与特点。
3.掌握教师职业道德的社会意义和特殊性。
4.理解高校教师职业道德的特点和作用。

案例

2013年9月，习近平总书记在会见第四届全国道德模范及提名奖获得者时指出："精神的力量是无穷的，道德的力量也是无穷的。""道德是社会关系的基石，是人际和谐的基础，要始终把弘扬中华民族传统美德、加强社会主义思想道德建设作为极为重要的战略任务来抓，为实现中华民族伟大复兴的中国梦提供强大精神力量和有力道德支撑。"

伟大的人民教育家陶行知先生为了中国教育事业，毅然放弃高官不做，抛开舒适的城市生活，深入农村，接近群众，安于"粉笔生涯"三十载。他在靠募捐来获取办学经费的困难条件下，创办了举世闻名的晓庄师范等各类学校。他那"捧着一颗心来，不带半根草去"的无私奉献精神和"爱满天下"的宽广胸怀，以及一贯身体力行、为人高尚的品质，光照后人。

苏步青教授为中国数学教育和教育事业作出了卓越贡献，从教50多年，桃李满天下，许多学生也很有成就。早在20世纪30年代，苏步青就在日本荣获理学博士，与同学陈建功相约，自愿来到新建的浙江大学数学系任教。当时系里只有4个教师、10多个学生，图书资料奇缺，实验设备全无，经费也无着落。他虽为副教授，却连续几个月没有拿到一分钱。但他毫不动摇，与陈建功每人开四门课，外加辅导、改作业、编教材、搞科研。他利用暑期到日本去找资料，一个假期抄写20万字。他就是靠这种自觉的事业心和意志力，为社会培养了许多人才。中华人民共和国成立后，他更是孜孜不倦，献身社会主义教育事业。

由此可见，道德是社会运行的主要支撑，是实现“伟大复兴中国梦”的重要条件。加强高校教师职业道德建设，是提振国家教育事业的重要任务。高校教师要想培养正确的道德观念、养成良好的职业道德习惯，首先要对道德有理性的认识，充分了解道德的形成与发展、道德的本质、道德的特点以及道德的重要作用等基本问题。因此，作为高等学校教师，必须具备从事教书育人这种崇高职业的良好职业道德素质。

第一节　道德与职业道德

道德、职业道德、教师职业道德是三个有着密切而直接联系的伦理范畴，其中，前两者是理解和掌握教师职业道德的前提和基础。新时代下高等学校教师加强职业道德修养，既要了解道德和职业道德的有关知识，以便从根本上把握教师职业道德的基本理论；又要进一步理解教师职业道德理论的内在逻辑联系和各个方面的内容。

一、道德

(一)道德的含义

道德是由一定社会的经济关系所决定的特殊意识形态，是以善、恶为评价标准的，依靠社会舆论、传统习惯和内心信念所维持的，调整人与人、人与社会、人与自然关系的行为规范的总和。对于道德的含义，主要从以下三点进行把握：

第一，道德是以善、恶为评价标准的行为规范。一件事对自己是善，对别人可能就是恶，反之亦然。在社会领域中，由于人们的需要和动机的差异，人们的行为千差万别。那么，怎样评价人们的行为好坏呢？我们从道德的角度看，评价人们行为的标准就是善与恶。凡是好的行为就是善，坏的行为就是恶。当然，我们必须看到，人们具体行为的好与坏、善与恶具有相对性。一般来说，评价善、恶的客观标准主要是看其行为是否对自己和他人都有利，是否符合社会发展趋势。

第二，道德是调整人与人之间、个人与社会之间关系的行为规范。在社会生活中，为了满足不同的需要和利益，每个人都从事不同的活动，并与他人、社会之间发生各种各样的关系，产生各种各样的矛盾。为了维持社会的存在、保证社会生活的正常进行，就必须对人们的行为进行约束，对人们之间的关系进行调整。这种调整人们之间关系、约束人们行为的手段，除了政令、法律等带有强制性的手段之外，就是依靠传统习惯、社会舆论和内心信念等维持的行为规范和准则，即调整人们之间以及个人与社会之间关系的道德。

第三，道德是依靠社会舆论、传统习惯和人们的内心信念所维持的行为规范。道德的行为规范不同于社会政治的法律规范。法律规范是一种制度化的规范，由国家的立法机关制定，依靠国家权力机关，如政府、警察、法庭、监狱等强制力量执行。道德规范是通过社会舆论、传统习惯和人们的内心信念等评价方式来发挥作用的。社会舆论使人们对某一事件公开表达一致的意见和看法。它通过这种大家一致表达的赞扬或批评意见，形成一种舆论氛围，使人们感受到心理压力，从而达到鼓励或限制人们行为的目的。传统习惯是人们在长期的社会生活中形成的行为方式和道德风尚，是道德的来源，也是评价善、恶的重要标准。一般来说，人们认为符合传统习惯的行为就是善，否则就是恶。内心信念是人们源自心灵深处的对道德义务的真诚信仰和强烈的责任感，是人们进行自我道德控制的精神力量。如果一个人具有道德信念，在行为上就会自觉约束自己，使行为不逾越道德规范。内心信念是道德主体自我选择和调整行为的道德机制。

（二）道德的本质

道德本质是指道德作为道德而区别于其他事物的根本性质，是道德基本要素的内在联系和道德内部所包含的一系列必然性、规律性的总和。

1.一般本质是一种社会意识

道德是在一定社会经济基础之上产生的一种社会意识形态。道德反映着社会和人类发展的要求，反映着特定阶级的利益。道德的内容、特征、发展和演变都是受经济关系制约的，具有人类精神的一般特征。道德作为社会上层建筑和意识形态，既具有相对独立的发展过程，又受制于现实社会的经济生活和政治生活，从而表现出与其他社会现象不同的一般本质。

2.特殊本质是特殊的规范调节方式

道德不同于其他社会意识的根本特征，就在于它的特殊的规范性。道德规范是一种非制度化的规范。它是处于同一社会或同一生活环境的人们长期共同生活过程中逐渐积累形成的要求、秩序和理想。道德规范并没有、也不使用强制性手段为自己开辟道路。它主要是借助传统习惯、社会舆论和内心信念来实现的。道德规范是一种内化的规范。内化的规范也称为“良心”，良心是人们思想、言行的标准、尺度和检查官，良心形成特定的动机、意图、目的，良心促使人去遵守社会规范。

3.深层本质是一种实践精神

马克思在《1857—1858年经济学手稿》中，曾经把人类把握世界的方式分为四种：理论的、艺术的、宗教的和实践精神的。由于道德被渗透到社会生活的各个方面，贯彻于人类生活发展的全过程，因而其对于产生它的经济基础和整个社会生活表现出巨大的能动作用：使人们从伦理关系上去认识和把握社会经济关系和其他社会关系；以伦理观念给人们的经济活动和其他社会活动以巨大影响，调节和引导着这些活动，以维持一定的社会生活秩序。

(三)道德的功能

道德的社会功能是通过人的个体功能来实现的。道德对个体来说，具有认识、调节、评价和教化的作用。正是由于这些作用，道德才能规范人的行为、调节人们之间的关系，从而维护社会正常秩序和促进社会发展。

一是道德具有认识作用。道德就是要使人认识到个人在社会、职业和家庭中应担负的责任，也就是认识到社会、职业和家庭对个人的道德要求。道德的认识作用还体现在对社会道德规范的认识上。社会对各种角色都有相应的系统的道德规范，如企业家有企业家的道德规范，教师有教师的道德规范……任何一个人只要进入社会，成为社会的一员，就必须遵守道德规范。“爱国守法、明礼诚信、团结友善、勤俭自强、敬业奉献”是《公民道德建设实施纲要》提出的我国公民的社会道德规范。党的十八大以来，以习近平同志为核心的党中央高度重视公民道德建设，立根塑魂、正本清源，作出一系列重要部署，推动思想道德建设取得显著成效。

二是道德具有调节作用。一个人在社会交往中形成了多种多样的交际关系和利益关系。怎么交往？用什么态度交往？用怎样的责任心去交往？只有通过道德调节，才能协调好各种关系，让自己的行为更符合社会道德规范。如果道德调节作用消失了，人们都按照本能去选择，按照人的自然属性去解决问题，社会就会变得一团糟。因此，人们必须按社会属性去交往，道德感就是社会属性，如果没有道德感，一切都从本能去选择就容易犯错误。

三是道德具有教化作用。道德是后天的，人的道德是可以教化的。道德可以把坏人教育好，可以把不成熟的人教育成熟，可以提升人的精神境界，可以使人的自然属性渐渐缩小和社会属性渐渐放大，可以把不文明、野蛮变成文明。正是基于道德的可教化性，中共中央、国务院才几次下发关于加强和改进公民、大中小学生道德建设的意见的文件，以期通过道德教育来形成良好的社会道德风尚、培养社会主义的建设人才。

拓展阅读

关于公民道德建设，请阅读《新时代公民道德建设实施纲要》(2019 年 10 月印发)。纲要指出，中国特色社会主义和中国梦深入人心，践行社会主义核心价值观、传承中华优秀传统文化的自觉性不断提升，爱国主义、集体主义、社会主义思想广为弘扬，崇尚英雄、尊重模范、学习先进成为风尚，民族自信心、自豪感大大增强，人民思想觉悟、道德水准、文明素养不断提高，道德领域呈现积极、健康、向上的良好态势。

二、职业道德

(一)职业道德特点

职业道德的概念有广义和狭义之分。广义的职业道德是指从业人员在职业活动中应该遵循的行为准则，涵盖了从业人员与服务对象、职业与职工、职业与职业之间的关系。狭义的职业道德是指在一定职业活动中应遵循的、体现一定职业特征的、调整一定职业关系的职业行为准则和规范。不同的职业人员在特定的职业活动中形成了特殊的职业关系，包括职业主体与职业服务对象之间的关系、职业团体之间的关系、同一职业团体内部人与人之间的关系，以及职业劳动者、职业团体与国家之间的关系。

职业道德是一般的社会道德在职业生活中的特殊要求。因此，它和一般的社会道德有所不同，具有自身的特点：一是职业道德具有适用范围的有限性。每种职业都担负着一种特定的职业责任和职业义务。各种职业由于职业责任和义务不同，从而形成了各自特定的职业道德的具体规范。二是职业道德具有发展的历史继承性。由于职业具有不断发展和世代延续的特征，不仅其技术世代延续，而且其管理员工的方法、与服务对象打交道的方法也有一定历史继承性。如“有教无类”“学而不厌，诲人不倦”，始终是教师的职业道德。三是职业道德表达形式多种多样。由于各种职业道德的要求都较为具体、细致，因此其表达形式也多种多样。四是职业道德兼有强烈的纪律性。纪律也是一种行为规范，但它是介于法律和道德之间的一种特殊的规范。它既要求人们能自觉遵守，又带有一定的强制性。就前者而言，它具有道德色彩；就后者而言，又带有一定的法律的色彩。就是说，一方面，遵守纪律是一种美德；另一方面，遵守纪律又带有强制性，具有法令的要求。例如，工人必须执行操作规程和安全规定，军人要有严明的纪律，等等。因此，职业道德有时又以制度、章程、条例的形式表达出来，让从业人员认识到职业道德同时具有纪律的规范性。

(二)职业道德的发展

职业道德是随着社会分工的发展并出现相对固定的职业集团时产生的。人们的职业生活实践是职业道德产生的基础。

在原始社会末期，随着生产和交换的发展，出现了农业、手工业、畜牧业等职业分工，职业道德开始萌芽。进入阶级社会以后，又出现了商业、政治、军事、教育、医疗等职业。在一定社会的经济关系基础上，这些特定的职业不但要求人们具备特定的知识和技能，而且要求人们具备特定的道德观念、情感和品质。各种职业集团，为了维护职业利益和信誉，根据一般社会道德的基本要求，在职业实践中逐渐形成了职业道德规范。在古代文献中，早就有关于职业道德规范的记载。例如，中国古代兵书《孙子兵法·计篇》中，就有“将者，智、信、仁、勇、严也”的记载。“智、信、仁、勇、严”这五德被中国古代兵家称为“将之德”。清初名臣于成龙提出的封建官吏道德修养的六条标准，被称为“亲民官自省六戒”，其内容有“勤抚恤、慎刑法、绝贿赂、杜私派、严征收、崇节俭”。中国古代的医生，在长期的医疗实践中形成了优良的医德传统，比如，“疾小不可云大，事易不可云难，贫富用心皆一，贵贱使药无别”就是医界长期流传的医德格言。

随着社会的发展，各种职业集团为了增强竞争能力、获取更多利润，纷纷提倡职业道德，以提高职业信誉。在许多国家和地区，还成立了职业协会，制定协会章程，规定职业宗旨和职业道德规范，从而促进了职业道德的普及和发展。在资本主义社会，不但将先前已有的将德、官德、医德、师德等进一步丰富和完善，而且出现了许多以往社会中所没有的道德，如企业道德、商业道德、律师道德、科学道德、编辑道德、作家道德、画家道德、体育道德等。但是，资产阶级的利己主义和金钱至上的观念使职业道德的作用在资本主义社会中存在很大的局限。资本主义社会的性质也决定了某些职业道德具有虚伪性，需要时提倡它，不需要时就践踏它，而且往往做表面文章，自我吹嘘。

社会主义的职业道德是适应社会主义物质文明和精神文明建设的需要，在共产主义道德原则的指导下，批判地继承了历史上优秀的职业道德传统的基础上发展起来的。由于社会主义的各行各业没有高低贵贱之分，各职业内部的从业人员之间、不同职业的从业人员之间以及职业集团与社会之间没有根本的利害冲突，因此，不同职业的人们可以形成共同的要求和道德理想，树立热爱本职工作的责任感和荣誉感。同时，社会主义职业道德是判断人们职业行为优劣的具体标准，也是社会主义道德在职业生活中的反映。《中共中央关于加强社会主义精神文明建设若干问题的决议》进一步明确了我们今天各行各业都应共同遵守的职业道德的五项基本规范，即“爱岗敬业、诚实守信、办事公道、服务群众、奉献社会”。其中，为人民服务是社会主义职业道德的核心规范，它是贯穿于全社会共同的职业道德之中的基本精神。社会主义职业道德的基本原则是集体主义。因为集体主义贯穿于社会主义职业道德规范的始终，是正确处理国家、集体、个人关系的最根本的准则，是衡量个人职业行为和职业品质的基本准则，是社会主义社会的客观要求，也是社会主义职业活动获得成功的保证。

拓展阅读

恩格斯指出：“每一个阶级，甚至每一个行为，都各有各的道德。”[①]职业道德是一般社会道德的特殊形式。职业道德的出现，与社会分工的发展相联系。原始社会的大分工，是原始职业分工的雏形，包含了职业道德的萌芽。随着奴隶社会职业分工的日益发展，人们在职业活动中发生了各种各样的联系，为了调整不同职业内部、不同行业之间以及每个从业人员之间的关系，便产生了职业道德。由于职业活动是人类最基本的实践活动，因而职业道德比婚姻家庭道德、社会公德更能反映一定社会、一定阶级的道德要求和道德面貌。

第二节　教师职业与教师职业道德的内涵

高等学校教师肩负着立德树人的重要使命，既需要具有渊博的学识，更需要具备高尚的道德，因为教师的道德品质制约着知识服务的对象和人才培养的方向。没有高尚道德的教师，不可能倾心进行教学和科研，不可能尽力为学生服务，不可能成为学生效仿和学习的楷模。因此，作为一名高等学校的教师，必

① 《马克思恩格斯选集》第4卷，人民出版社2012年版，第240页。

须在拥有高深学问的同时，理解和把握教师职业道德内涵，着力提升自己的道德境界。

一、教师职业的特点

（一）教师职业的社会意义

“教师”这个职业是人类社会最古老的职业之一。由于“教”是传授知识的主要手段，因此，人们便逐渐把“教”和“师”合起来，称相关从业者为“教师”。虽然社会的职业无高低贵贱之分，但是和社会上的其他职业相比，教师的职业却是一种崇高而神圣的职业。教师要按照行业规范，在时间节点内，根据职称和专业，向学生传授科学文化知识，受社会的委托对受教育者进行专门的教育。在社会发展中，教师是人类科学文化知识的继承者和传播者。对学生来说，又是学生智力的开发者和个性的塑造者。因此，人们把“人类灵魂的工程师”的崇高称号给予教师。在教育过程中，教师是起主导作用的，是学生们身心发展过程的教育者、领导者、组织者。教师工作质量的好坏关系到我国年轻一代身心发展的水平和民族素质提高的程度，从而影响到国家的兴衰。

教师职业的崇高和神圣是与它的社会意义密切相关的。教师职业的社会意义在于：

第一，教师的职业活动对物质文明建设具有重大促进作用。教育部门属于社会非物质生产部门，它不生产物质产品，但它与社会物质生产部门密切相关。因为物质生产领域的劳动者是由教育部门培养出来的。教师通过培养物质生产过程中的劳动者而与物质生产过程发生密切联系。教师通过辛勤劳动，为社会物质生产部门培养了大批有知识、有技能的劳动者，这些劳动者为社会创造财富，从而促进了经济发展和社会进步。特别是在现代社会中，科学技术对物质生产的作用越来越突出，生产的竞争实质上就是科技的竞争，而科技的竞争就是人才的竞争，归根结底是教育的竞争。今天的教育，就是明天的科技，就是后天的生产，这种国际上普遍流行的看法真实地反映了教育对物质生产的意义。在现代社会中，物质财富的多寡与科学技术的发展成正比，劳动生产率与劳动者的受教育程度成正比，而科学技术的发展和劳动者教育程度的提高则又与教师的劳动息息相关。因此说，教师的劳动对物质文明建设具有重大的促进作用。

第二，教师的职业活动对社会精神文明发展具有重要推动作用。人类社会发展是一个前后相继、连续不断的前进过程。教师是人类文明的传播者，在这一过程中，前人通过实践活动所积累的生产经验和创造的社会文明成果要不断地传给后代，而后代也只有在接受前人的文明成果基础上才能有所前进、有所发展。这种文明的传承仅靠劳教合一、口耳相传的途径是远远不够的，根本的途径是通过专门从事教育活动的教师来实现。教师通过一定的教育手段，把人类的文明成果传授给年轻一代，使他们在较短的时间内能够比较全面地继承前人创造的文明成果，并加以创新和发展，从而推进人类社会文明的不断进步。因此，教师的教育活动是人类文明得以发展的关键因素，教师对人类文明成果的继承和发展起着承前启后的作用。

第三，教师的职业活动对学生的成长和发展具有主导作用。在社会生活中，个体的成长和发展受多种因素的影响，既有家庭教育的影响，也有学校教育和社会教育的影响；既有遗传的影响，也有环境的影响；等等。其中，学校教育的影响是最主要的影响，学校教师的教育教学活动能够对个人产生无法估量的作用，甚至能够改变和决定一个人的命运。一个人从进入幼儿园开始，其智力发展、知识的学习、人生观和世界观的形成、行为习惯和个性的养成，无不深受学校教师的影响。教师丰富的学识、高超的教艺、高尚的道德、良好的个性、顽强的意志、优雅的举止，都会在学生心灵中打下深刻的烙印，并使他们终身受益。

（二）教师职业的特点

不同职业的性质，使不同职业所扮演的角色、承担的职责都表现出不同的特点。教师职业是由于生产力的发展所引起的脑力劳动和体力劳动的分工形成的，其特点反映时代变迁对教师的职业要求。当代的教师职业具有职业劳动的复杂性、职业绩效的模糊性、职业价值的迟效性和深远性等特点。教师职业的属性除了在性质和特点等方面与其他职业不同外，还表现在职业角色的不同，即职业角色的多样化，这是教师职业的一个最大特点。一般来说，教师的职业角色主要有以下几个方面：

1.传道者角色

教师负有传递国家和社会赋予的传统道德、价值观念的使命，“道之所存，师之所存也”。在现代社会，虽然道德观、价值观呈现出多元化特点，但教育、教师的道德观、价值观总是代表着居于社会主导地位的道德观、价值观，并用这种观念引导学生，因而教师的教育教学不具有随意性。另外，教师对学生的“做人之道”“从业之道”“治学之道”等也有引导和示范的责任。

2.授业、解惑者角色

教师是社会各行各业建设人才的培养者，他们在掌握了人类经过长期的社会实践活动所获得的知识经验、技能的基础上，对其进行精心加工和整理，然后以特定的方式传授给年轻一代，并帮助他们解决学习中的困惑，启发他们的智慧，形成一定的知识结构和技能技巧，成为社会有用的建设者。

3.示范者角色

学生具有向师性特点，教师的言行是学生学习和模仿的榜样，教师作为成人世界的代表，其言论、行为、为人处世的态度对学生具有示范的作用，产生潜移默化的影响。学高为师，身正为范。教师在教育实践中，既要言传，又要身教。正如夸美纽斯所说，教师的职责是用自己的榜样教育学生。

4.管理者角色

教师是学校教育教学活动的组织者和管理者，需要肩负起教育教学管理的职责，包括确定目标、建立班集体、制定和贯彻规章制度、维持班级纪律、组织班级活动、协调人际关系等，并对教育教学活动进行控制、检查和评价。

5.朋友角色

在某种程度上，学生往往愿意把教师当做他们的朋友，也期望教师能把他们当做朋友看待。学生希望在学习、生活、人生等方面得到教师的指导，希望教师能与他们一起分担痛苦与忧伤，分享欢乐与幸福。

6.研究者角色

教师的工作对象是充满生命力的、千差万别的个体，传授的内容是不断发展变化着的人文、科学知识，这就决定了教师要以一种发展变化的态度来对待自己的工作对象、工作内容，要不断学习、不断反思、不断创新。

教师职业的这些角色特点，决定了教师职业的重要意义和重大责任，决定了对教师的高素质要求。

二、教师职业道德的含义及其特点

教师职业道德是从事教学工作的脑力劳动者在教学实践中所应遵循的道德规范。教师职业道德的产生和发展是同人们教育活动的发展直接相联系的，它在形成教师特有的职业心理和职业理想、道德习惯和道德传统方面起重要作用。在阶级社会里，教师的职业道德是有阶级性的，它是一定阶级的利益和意志的体现，是为统治阶级巩固自己的统治服务的。

教师职业道德又称为“教师道德”或“师德”，是教师在从事教育劳动中所遵循的行为准则和必备的道德品质。它是社会职业道德的有机组成部分，是教师行业特殊的道德要求。它从道义上规定了教师在教育劳动过程中以什么样的思想、感情、态度和作风去待人接物、处理问题、做好工作、为社会尽职尽责。它是教师行业特殊的道德要求，是调整教师与教师、教师与学生、教师与学校领导、教师与学生家长以及教师与社会其他方面关系的行为准则，是一般社会道德在教师职业中的特殊体现。

教师职业道德，具有以下几个鲜明的特点：

(一)在道德意识上要求更高

道德意识是指人们在道德活动中所形成的道德观念、道德情感、道德意志、道德信念和道德理论体系的总称。没有高尚的道德意识就不可能有高尚的道德行为。因此，教师的职业道德意识是教师职业道德的基础。和社会其他职业道德意识相比，教师职业道德意识的要求更高，这是因为：教师的职责是传播人类文化、开发人类智能、塑造人类灵魂；教师劳动具有示范性特点；教师劳动的主要工具和手段是自己的综合素质；教师对学生的教育不仅影响他们的一生，而且通过他们对整个社会产生广泛而深刻的影响。

教师职业道德意识的高要求表现在多个方面：从教师职业道德认识上看，教师必须充分认识教师职业道德的重要意义和特殊价值，掌握教师职业道德的基本原则和规范，从而为自觉履行教师职业道德要求和义务奠定理性的基础；从教师职业道德情感上看，教师要培养自己热爱并献身教育事业、热爱学生的深厚的职业情感；从教师职业道德信念和教师职业道德意志上看，教师无论在什么时候、什么条件下，都要有坚定地从事教育事业的信念，都要有足够的信心和勇气面对各方面的困难、诱惑和偏见，矢志不渝地献身教育事业。

不论是在职业道德认识和职业道德情感方面，还是在职业道德信念和职业道德意志方面，社会对教师都有很高的期待和要求，所以教师的职业道德意识明显高于其他职业的道德意识。

（二）在道德行为上有更强的示范性[①]

道德行为是在道德意识支配下所表现出来的符合一定道德规范的行为。教师职业道德行为和其他职业道德行为相比有着更强烈的示范性。这种示范性表现在两个方面：

一是教师劳动的示范性特点决定了教师道德行为的示范性。大学教师面对的对象是青年学生。由于青年学生正处在成长过程中，其模仿性特别强。教师的一举一动、一言一行，都会对学生产生很大的示范作用，使学生产生模仿行为。由此可见，教师的言行举止不仅仅是个人的私事，它直接关系到学生教育问题。教师如何塑造自己，就是如何塑造学生。因此，教师要特别注意自己行为的示范性，把自己良好的道德行为展示给具有强烈模仿性的学生，从而发挥自己道德行为的示范效应。

二是教师职业劳动手段和工具的特殊性决定了教师道德行为是对学生进行道德教育的一种有效的手段和工具。由于教师劳动手段和工具是教师本身的综合素质，而教师的综合素质之中就内在地包含着教师的道德素质，教师道德行为是教师道德素质的外在体现，所以教师的道德行为在教育工作中必然要发挥其教育手段和工具的作用。因此，教师必须认识到自己道德行为对学生的

① 参见刘纯龙：《高校教师职业道德修养与规范》，高等教育出版社 2019 年版，第 17 页。

这种影响作用,努力培养自己高尚的道德人格。

(三)在道德影响上更广泛、更深远

任何职业道德对社会都有一定的影响,但是教师职业道德的影响远比其他职业道德的影响广泛和深远。教师对学生施加道德影响的广泛性是指教师道德既直接作用于学生,又会通过学生影响到其家庭和社会。学生毕业以后要从事各种各样的职业,他们的思想道德状况将会对整个社会产生非常广泛的影响。教师职业道德影响的深远性是指大学教师职业道德不仅影响处于青年时期的学生,而且影响他们一生的做人的品质,并进而影响到整个社会的发展和未来。所谓深,是说教师的职业道德能够影响到学生的灵魂深处,作用到学生的内心世界。每个学生的思想品质、道德境界、行为习惯、处世准则等都与教师的道德人格有着直接和密切的联系。人们之所以把教师称为"人类灵魂的工程师",就是因为教师的职业道德能够影响学生的内心深处,关系到学生人格的塑造。所谓远,主要是说教师的职业道德不仅影响学生的一时,而且影响学生的一生,并由此对整个社会的未来产生重大的影响。教师职业道德对学生影响的深远性也决定了对整个社会影响的长久性。教育事业是一项代表未来的事业,它培养的学生是社会的未来,是关系到社会未来发展的百年大计。因此,教师职业道德修养不能不引起我们的高度重视。

三、教师职业道德的作用

教师作为人类思想文化的传播者、各种人才的培养者,对于传播人类文明、开发人类智慧、塑造人类灵魂、影响人类的未来起着重要的作用。教师的劳动同社会进步、经济发展、国家兴盛紧密相连。教师的职业道德体现了广大人民群众的根本利益,反映了整个社会教师的利益,它对促进教师完成教书育人工作、陶冶学生的情操、推动社会精神文明将会起到重要的作用。加强师德建设是一项有利于学生、教师本人和社会发展的重要工作。

(一)教师职业道德的教育作用

教师是引领学生步入科学文化殿堂的领路人。教师良好的、高尚的道德人格,对于正在确定人生目标、探索和寻求人生真谛的青少年学生来说,具有十分重要的价值导向作用。这种作用主要表现在两个方面:

第一,有利于教育学生。教师是人类思想文化的传播者,而且教师的高尚道德也会对学生产生强烈而持久的影响。教师不仅要用自己的知识去教育学生,而且要用自己的品格去影响学生,用自己的灵魂去感化和塑造学生。在教育过程中教师能够品行端正、严于律己,无形中会使教师成为学生心中特殊的崇拜者。因此,教师的高尚品德是学生最好的表率。

第二，有助于确立教师的威信。教师的威信是教学顺利进行不可缺少的条件，是一种无穷的精神感召力。但教师在学生中的威信，不是靠恐吓、粗暴和考分等手段确立的，而是靠教师高尚的道德品质和精湛的教学业务建立的。教师在教学活动中，“身教”胜于“言教”。实践告诉我们，有威信的教师会使学生感到其值得尊敬、依靠和接近，是自己的保护神，乐意听从其教诲，从而使教师通过良好的职业道德发挥出重要的价值导向作用。

教师的个体形象深深地影响学生群体。一个学生的成长是受多位教师形象影响和作用的。由于现代科学技术的发展，学科分工越来越细，因此，教育青少年学生的任务都是由不同经历、不同学历、不同专业、不同学科、不同职称的教师来承担的。简言之，一个学生的健康成长是多位教师形象发生协同、交互效应的结晶。教师形象能够对学生德、智、体、美、劳等方面发生全面的影响和作用。教师以及学生家长的思想道德、科学文化、行为作风等素质，由于受个人能力和条件的限制，其形象只能对学生言行的某些方面发生影响；而多位教师利用自身形象的优势、特长，从不同专业、学科等角度，从不同侧面影响和作用于学生，就能使学生朝着德、智、体、美、劳全面发展的方向前进。教师树立良好的形象，就会对学生产生示范、引导效应，培养出高质量的人才。教师形象不好，就会严重地影响广大学生的健康成长。因此，教师一定要为人师表，树立言传身教的良好作风，养成举止大方、仪表端庄的礼仪形象。不论在什么时间、什么地方、什么具体岗位上工作都要无一例外地用这些标准塑造自己的形象。

学生对教师易于产生师言可信、师行要学的心理状态。一般来讲，教师在科学文化知识的涵养和行为实践上，都要比学生先知先觉先为。由此，教师的一言一行、所作所为，就会受到学生的关注、尊重、信任，学生就易于产生师言可信、师行要学的心理状态。同时，由于青年学生对国情、社会的了解还不够深入全面，辨别是非、真伪、善恶、美丑的能力不强，因而有一些学生存在师言可信、师行要学的心理状态比成年人更为突出。青年学生自身素质存在的这些特点是教师形象产生效应不可缺少的一个内驱动力。教师在人格上赢得学生的心，学生便会产生仰慕之情并心悦诚服、心甘情愿地接受老师的教育。这种现象就是教师的人格效应。教师不仅要精通专业知识，而且要精通现代教育理论，要不断调整、充实自己的知识结构。在教师高尚人格的影响下，学生为其崇高的品德所折服，为其卓越的才能所倾倒，为其广博的知识所陶醉，怎能不“亲其师，信其道”?! 因此，人格高尚的老师更受学生欢迎，更能达到教书育人的最高境界。

良好的师生关系必须依靠深厚的师生情感来维系，教师对学生的关心与热爱，学生对教师的敬佩与爱戴，是产生师生情感的源泉，也是师生关系和谐的基础。“桃李不言，下自成蹊。”不断提高自身人格修养，这是教师适应时代发展的需要，也是全面实施素质教育对教师的要求。

（二）教师职业道德对自身的调节作用

职业道德具有认识功能。教师职业道德的认识功能，是指在教育实践中，它所具有的通过道德判断、道德标准和道德理想等形式，客观地反映各种利益关系状态、教育规律的特点和任务要求，帮助教师正确对待自己的权利和义务，并借助于善与恶、利与害、正当与不正当、应该与不应该等概念来表现认识成果的功能。教师职业道德的作用在于，它向教师提供有关的道德知识，给教师选择行为提供依据。更重要的是，它能够帮助教师了解自己在社会中的地位与作用，认识个人与社会的利益关系，认识教师对自身、对国家、对民族、对教育事业以及对他人应负的社会责任、应有的行为模式、应具备的道德素质和道德人格，促使教师与社会和教育融为一体，增强教师遵守师德行为规范的自觉性，从而促使教师在为社会、为教育服务中创造与实现自己的人生价值。

这就说明，师德对教师起着调节和教育作用。所谓调节作用，就是指教师道德具有纠正人的行为和指导实际活动的能力；所谓教育作用，就是教育教师正确认识和对待教师的职业，认识到自己对他人、对集体、对社会的利益关系应尽的责任和义务，以及在此基础上形成的道德观念和判断力。

教师本人的道德素养，不仅会影响他人，也会反过来影响自身。教师自觉地提高自身的道德素养，能够有效地帮助自己增强自我心理调节的能力和水平、升华自己的人格，能在面对诸多的困惑和复杂的人际关系时保持一种较高的精神境界。

（三）教师职业道德的规范和约束作用

教师职业道德的规范和约束功能，是指教师职业道德通过公约、条例、规范、守则等具体形式来规范和约束教师的职业行为，使其符合社会的需要和职业发展的需要。[①] 教师职业道德的规范和约束作用主要表现在以下三个方面：

第一，教师职业道德规范是教师实现自身职能的重要保证。教师实现自身职能，并不是随意的事。教师是受社会的重托，按社会的要求来教书育人的，这就意味着教师的工作有着明确的目标要求。教师在实现教育目标的过程中，会涉及许多复杂的关系，会遇到各种矛盾和困难。教师要顺利进行教育活动，充分发挥自身的职能，除靠行政、法律手段调节外，更重要、更直接的是靠教师职业道德来加以规范和约束。

第二，教师的工作，从更广泛的意义上讲，是一项社会的工作。一方面要向

① 参见刘纯龙：《高校教师职业道德修养与规范》，高等教育出版社 2019 年版，第 23 页。

社会提供“产品”，另一方面又要得到社会的广泛支持。教师职业道德规范能够激励教师爱岗敬业、忠于职守、严谨治学、诲人不倦，从而形成良好的教师形象。这样的教师才能得到社会的尊敬和理解，得到家长的支持与协作，从而为实现教育目标创造重要的条件。

第三，教师的职业道德规范能够促进教师自身的完善，帮助教师认识自己对国家、对社会负有的责任和应尽的义务，认识教师的劳动价值，增强教师的使命感和荣誉感。同时，作为行为规范，它时刻约束着教师的职业活动行为，对教师产生经常的、深刻的影响，使每位教师形成坚定的职业信念和高度的工作责任感，成为教师自我监督、自我鞭策的动力，这些都将为教师的全面发展和自我完善奠定坚实的基础。

拓展阅读

作家魏巍在《我的老师》一文中写道：最使我难忘的是我小学的女教师蔡云芝先生，她爱我们。“在课外的时候，她教我们跳舞……假日里，她把我们带到她家里和朋友的家里。在她朋友的园子里，她还让我们观察蜜蜂，也是在那时，我认识了蜂王，并且平生第一次吃了蜂蜜。她爱诗，并且爱用歌唱的音调教我们读诗，直到现在我还记得她读诗的音调，还能背诵她教我们的诗。……今天想来，她对我的接近文学和爱好文学，是有着多么有益的影响！像这样的教师，我们怎么会不喜欢她并且愿意和她亲近呢？即使她写字的时候，我们也默默地看着她，连她握笔的姿势都急于模仿。”由此可见，教师一言一行、一举一动都会在学生的心灵深处留下痕迹，起着耳濡目染、潜移默化的作用。

思考与练习

一、简答题

1.怎样看待道德的本质和作用？

2.教师的职业道德有何特点和功用？

3.教师职业道德内容由哪些因素构成？

二、材料分析题

在一次公开观摩课上，一位具有二十多年教龄的女老师，在课堂上并没有频频去找那些反应灵敏、学会善用的好学生，而是善于捕捉那些不敢大胆发言、没有勇气回答问题的差生的一闪之念。一位女孩刚把有信心的眼睛抬起的时候就被老师叫起来回答，可能是心理过于紧张，这个学生满头大汗，不知所措。这时老师让她坐下来，平静一下，语气温和地说："没关系，老师知道你会了。只是因过于紧张而暂时想不起，以后经常锻炼就好了。"在这堂课上，女老师用自己的爱心点燃了胆怯者的智慧之火，让学生感受到"我有被爱的权利"。

1.结合上文，请谈谈你是怎样理解托尔斯泰所说的"如果一个教师把热爱事业和热爱学生结合起来，他就是一个完美的教师"这句话的。

2.要做到教育公正，教师在实践教育公正目标上应当注意什么？

第二章　高校教师职业道德新时代内涵

学习目标

1.理解高等学校教师职业道德的特点。
2.掌握《高等学校教师职业行为十项准则》。
3.争做新时代“四有”好老师。

案　例

2014年9月，习近平总书记视察北京师范大学时发表了关于“四有”好老师重要讲话，专门强调：今天的学生就是未来实现中华民族伟大复兴中国梦的主力军，广大教师就是打造这支中华民族“梦之队”的筑梦人。打造一支有理想信念、有道德情操、有扎实学识、有仁爱之心的“四有”好老师队伍，是学校办学的重要任务。

党的十九大报告指出，建设教育强国是中华民族伟大复兴的基础工程，必须把教育事业放在优先位置。学习贯彻党的十九大精神，办好新时代人民满意的教育，要把握好新时代教育的新使命，坚持教育自信，培养新时代的“四有”好老师。

落实好习近平总书记争做“四有”好老师的要求，需要了解高校教师职业道德的要求，遵守高校教师职业行为准则，坚持教书和育人相统一，坚持言传和身教相统一，坚持潜心问道和关注社会相统一，坚持学术自由和学术规范相统一，做到以德立身、以德立学、以德施教。要立足培养中国特色社会主义事业建设者和接班人的需要，立足国际视野、家国情怀、集体精神和创新思维的新时代人才基本需求，不断提升自己的学识能力，引导广大教师既做好“大先生”又做好“教书匠”。

第一节　高校教师职业道德的特点

教师的职业道德是教师在从事教育教学活动、履行教书育人职责时所必须遵守的行为准则和道德规范的总和。高校教师职业道德是指高等学校教师在高等教育教学和科学研究过程中应该遵循的道德行为准则和规范以及与此相适应的道德观念、道德情操和道德品质。高等学校教师职业道德属于专业道德，其职业道德不仅和其他行业的职业道德不同，而且和中小学教师职业道德也存在一定的差异。

一、高校教师职业道德的特点

高校教师是一个培养人才、塑造人才的职业，其道德思想会在工作中一点点渗透到被教育者的行为习惯上，所以高校教师的职业道德不仅直接关系到教学、科研和社会服务的质量，而且很大程度上影响着大学生的思想道德。因此，高校教师要提高自身的道德水平，具备合格的教育道德理念，传播高尚的道德人文观，这些已成为高等学校教师培训的重要内容。

（一）新时期高校教师职业道德内容完整、目标明确

我国高等教育的目的是为社会主义事业的建设和发展培养具有创新精神和实践能力的德、智、体、美、劳全面发展的专门人才，其教育的价值取向是人文教育与科学教育并重。这种教育的目的要求高校教师不仅通过自己的教育劳动向大学生传授人类世代积累和创造的文明成果，培养他们去攀登科学技术的高峰，成为履行社会主义各种重要职责的有用人才，而且教师要向青年一代播种人类理想的种子，使成长中的一代得以继往开来。正是高校教育劳动造就新人这一显著特点，使大学教师及其劳动理所当然地受到全社会的尊重。对教师和教育劳动的尊重，实质上是对人类文明和自身的尊重。可以说，因为教师的辛勤劳动，才有了灿烂的人类社会文明的今天和更加繁荣昌盛的明天。大学教师对全社会负有崇高的职责和义务，教师的教育劳动行为本身与社会利益息息相关，具有重要的道德意义。

实施科学教育和人文教育，本质上是培养什么样的人和如何培养人的问题。因此，确立符合时代要求和现代科技、社会与教育发展趋势与规律的价值观念是实现两者融合的前提。在1939年，我国近代著名教育家潘光旦先生对此有一段精辟的论述："文科实科的分配究竟如何才算适当，是不容易确定的。就普遍的原则论，文胜质则史，质胜文则野，文质彬彬……我想还是成立的……我们的文化一向重人事，而忽略形上形下两界，就忽略形上说，我们的弊病在轻文重质，就忽略形下说，我们的弊病又似乎在重文轻质……最妥当的政策还是让各种学科平衡发展。"①新世纪我国高校开展人文教育与科学教育融合的素质教育，首先要转变教育观念，转变教育观念是实施素质教育的先导。当前迫切需要改变片面按照市场需要进行现代高等教育的方法，明确现代高等教育的目标应包括学生人格的培养和人自身的完善。

（二）新时期高校教师职业道德具有示范性

苏联教育家加里宁说，教师的世界观以及他的品行、他的生活、他对每一现象的态度都这样或那样地影响着学生的成长，他的一举一动都处在严格地"监视"之中，世界上任何人也没有受着这样严格的监督。因而，大学教师应好好检点自己，努力使自己具备高尚的道德品质和思想情操。大学生正处在人生观、道德观、世界观形成和确立时期，往往会从大学教师的言行中吸取自己的价值观念。因此，大学教师在教学和科研活动中的态度和道德品行直接影响大学生道德品质的形成和发展。教师的思想品行对青年学生心灵成长的影响是任何教科书、任何道德箴言、任何惩罚和奖励制度都不能代替的一种教育力量。

大学教师的劳动效果，不仅取决于他所具有的知识水平和思维能力，而且取决于他的世界观和道德面貌。因而，大学教师努力提高自己的道德素养，是提高教育质量的重要条件。教师是否全心全意地搞好教学工作、尽心尽力地提高教育质量，很大程度上依靠教师个人的自觉性和责任心，外界难以直接监督检查。这对教师道德自觉提出更高的要求。

（三）新时期教师职业道德体现了社会发展的鲜明时代特征

随着社会主义市场经济体制的建立与完善，人们的道德观念必然会发生变化；随着知识经济的到来，人们的道德要求必将被提到一个更高的水准；随着社会发展、科学进步以及各类科技手段的广泛应用，也必将产生新的道德选择，一些传统的道德观念面临着强烈冲击。为了迎接经济全球化、教育国际化的挑战，根据时代的要求、素质教育的要求、培养创新人才的要求，我们应当放眼全球，不断吸收先进的道德观念，建立新的道德规范。新时期教师职业道德正是

① 潘光旦：《自由之路》，商务印书馆1946年版，第243页。

社会发展的具体体现，具有鲜明的时代特征。我国高校教师职业道德是一种新型的社会主义职业道德，鲜明的社会主义性质是我国教师职业道德区别于私有制条件下教师职业道德的本质特征。

二、高校教师职业道德的构成

高等学校教师职业道德主要由职业理想、职业责任、职业态度、职业纪律、职业技能、职业良心、职业作风和职业荣誉八个要素构成。这些因素从不同方面反映出教师职业道德的特定本质和规律，同时又互相配合，构成一个严谨的教师职业道德结构模式。

（一）教师的职业理想

职业理想，是指人们对于未来工作类别的选择以及在工作上达到何种成就的向往和追求。作为教师来说，其职业理想就是对教师职业的选择和对教育工作成就的向往和追求。教师的职业理想对教师具有巨大的导向和激励作用。有无崇高的教师职业理想，决定着教师的工作态度好坏，决定着教师工作成就的大小，决定着教师职业道德修养程度的高低。

对待教师职业选择，我们要注意处理好三个方面的问题：

第一，正确看待教师的苦与乐。教师的劳动既是脑力劳动，又是体力劳动。面对教师职业的选择，有些人望而却步的原因之一就是怕苦。我们承认，教师的工作确实比较辛苦。教师不仅要备课、讲课、批改作业，而且还要做学生的思想工作，进行科学研究，整日操劳，没有清闲。人们经常这样评价教师及其工作：老师就是在困难中奋斗的人，你身居斗室，想着替国家分忧；两袖清风，时时为学生操劳；讲学谈心，家访辅导，老师的工作是辛苦的。但是，教师职业既有辛苦的一面，也有幸福的一面。从事教师职业的人，会得到其他职业体验不到的欢乐。当教师通过辛勤劳动赢得了学生欢迎和爱戴时，当教师的科学研究成果获得社会承认时，当教师看到自己培养的学生成为社会有用之才时，都会感到由衷的高兴和无比的欢欣。总之，教师的工作是平凡中蕴涵着伟大，辛苦中包含着幸福。只要我们辩证地看待教师职业，就不会为自己的选择后悔。

第二，把社会需要和个人理想结合起来。个人要正确认识社会需要和自己选择的关系，要使自己的选择尽量服从社会需要。在社会生活中，每个人都有自己的理想和愿望，都希望选择自己理想的职业，但是社会需要经常会和个人的理想发生矛盾，使个人的愿望无法满足。在这种情况下，个人就应该以社会需要为首要选择，把个人的选择融于社会需要之中。应该看到，教师是社会一种非常重要的职业，而且随着我国科教兴国战略的实施和现代化的发展，教育在社会中的重要性日益突出。如果没有教育培养的大批高质量的人才，科教兴国战略的实施和现代化事业的发展就无从谈起。

第三，正确对待教师的地位和待遇。社会中的地位和待遇是人们职业选择的主要参考因素。地位和待遇比较高的职业往往会受到人们的青睐，成为人们的选择。教师也是普通人，也有七情六欲，有普通人的需要和要求。如果没有一定的地位和待遇，人们也不可能选择教师职业。我们要看到，改革开放以来，随着国家经济实力的增长，我国教师的物质待遇得到了很大改善，社会对教师地位和作用的认识也越来越高，尊师重教的风气越来越浓。当然，我们选择教师职业不能把目光仅仅局限在地位和待遇上。做教师就应有比较高的精神境界，应有奉献精神。

（二）教师的职业责任

职业责任是指从事职业活动的人必须承担的职责和任务。它一般是通过具有法律和行政效力的职业章程或职业合同来规定的。一个人能否履行自己的职业责任，是判定其能力和道德水平的主要标准。

教师的职业责任就是教师必须承担的职责和义务。教师职业责任的履行不同于其他职业，其他职业责任的履行往往依靠外在的强制力量去推动，并与某种权利或报酬相联系，而教师职业责任的履行带有更多的道德色彩，它要求教师把职业责任变成自觉的道德义务，为培养学生而无私奉献。为此，就要求教师做到“四个负责”：

一是对学生负责。教师要按照教育方针，从德、智、体、美、劳各个方面培养学生，使学生健康成长。在教育过程中，教师不仅要向学生传授知识，帮助他们掌握必要的技能，而且还要对学生进行思想品德教育，塑造学生的灵魂。教师要切实把教书育人看作自己的天职去努力完成。而教师要做好教书育人工作，就需要具有崇高的奉献精神和忘我的牺牲精神。否则，教书育人就是一句空话。

二是对学生家长负责。学校是教育、培养学生的主要场所，学生家长把学生送到学校，是对学校和教师的信任。因此，教师要清楚地认识到自己肩负的教育责任，对学生家长负责，把学生培养好，做让家长放心和信赖的好教师。而要做到这一点，就需要教师及时与各方沟通有关学生各方面的信息，并就学生的问题和家长磋商，使家庭教育与学校教育相互配合、协调一致。

三是对教师集体负责。现代学校教育是教师集体协作的教育，需要教师之间相互配合。因此，教师个人要服从教师集体，对教师集体负责。每个教师都要按照教师集体确立的专业培养方案和具体要求去教育学生、培养学生。如果教师各行其是、各搞一套，就会使学生无所适从，教师集体制定的各种专业培养方案无法落实，学生也不可能按照培养目标的要求健康成长。

四是社会负责。这是对教师职业责任的高层次要求。对社会负责，从根本上说，就是为社会培养合格的人才。如果教师培养出来的学生符合社会需要，成为对社会有用的人才，就会对社会发展起到积极的作用，就是对社会最大的负责。反之，培养出来的学生不符合社会发展需求，就会对社会发展起消极作用，甚至会带来危害。因此，履行教师责任，就要努力为社会培养合格人才。

（三）教师的职业态度

职业态度是职业道德的具体体现。一个具有高尚职业道德的教师，必有端正、积极的职业态度。而具有端正、积极的职业态度的教师，也必有高尚的职业道德。因此，教师的职业态度是显示教师职业道德的重要方面。在社会主义社会，教师积极的职业态度就是努力培养社会主义现代化的建设者和接班人。这种积极的职业态度表现在以下三个方面：

一是要有高度的责任感。教师要把教育事业看成自己的事业，把培养学生当作自己的神圣义务和职责，以积极主动的态度对待教育工作。教师的高度责任感来自对教育事业的热爱和对学生的热爱，只有热爱才能产生责任意识，才能竭尽全力地工作，就像父母由于爱孩子才会为他们负责一样。教师有了高度的责任感，才能全心全意投入教育工作，才能全心全意为学生服务。

二是要有甘于吃苦的精神。树立积极的职业态度，必须有甘于吃苦的精神。因为教师是一种非常辛苦的职业，从备课到讲课，从学生学习到学生生活，从教育科研到学术研究，都需要付出巨大的艰辛劳动，都需要耗费心血和汗水。如果没有甘于吃苦的精神，不愿意进行艰苦的劳动，就不可能有积极的态度。现在，有些人不了解教师的工作，以为教师工作清闲，每年还有寒暑假，收入高且稳定，其实这是一种误解。没有甘于吃苦的精神，没有任劳任怨的工作态度，要真正当好一名教师是不可能的。

三是要有从事教育工作的光荣感与自豪感。一个教师是否具有积极的职业态度，与其从事教育工作的光荣感和自豪感直接相关。如果教师认识到从事教育工作是神圣的，可以实现自我的人生价值，可以为社会做出更大的贡献，就必然会对自己从事的教师职业感到自豪和光荣，就会产生积极的职业态度。否则，不仅不会产生自豪感和光荣感，而且还会产生自卑感和失落感。因此，树立积极的职业态度，关键是端正教师的价值观、人生观。

（四）教师的职业纪律

职业纪律是职业劳动者必须遵守的行为规范。这种行为规范是维持职业活动正常秩序、保证职业责任落实的重要措施。职业纪律常常表现为规章、制度等形式。

职业纪律和职业道德是两种不同的范畴，二者具有一定的区别。职业纪律由专门机构执行和检查，对职业劳动者具有强制性质的约束作用，违反职业纪律就要受到一定的惩罚。而职业道德是用榜样倡导某种行为，它依靠社会舆论和个人内心的道德信念发挥作用。单纯违反职业道德，会受到社会舆论和良心的谴责，但不会受到法律惩罚。但是，二者又具有统一性，它们都是对职业活动的共同要求。自觉遵守职业纪律的人通常有很高的职业道德修养，具有很高职业道德修养的人往往也能严格遵守职业纪律。

教师的职业道德要求其必须严格遵守职业纪律。教师的职业纪律就是教师在从事职业劳动中应该遵守的各种规章、制度、守则、条例等。教师的职业纪律是完成教育活动正常进行的必要保证。没有严肃的教师职业纪律，就不能约束教师承担职业责任、完成教书育人的任务。加强教师职业道德建设，必须使教师严格遵守职业纪律。那么，教师如何才能做到遵守职业纪律呢？

第一，要重视职业纪律。有些教师之所以不能严格遵守职业纪律，主要是对教师职业纪律重视不够。在他们看来，上课迟到、接电话以及上班期间干点私活等都是小事，不值得大惊小怪。其实，这是一种认识的误区。俗话说："没有规矩不成方圆。"任何一种职业都必须有它的规矩，都需要对其成员加强约束。否则，就无法使这种职业活动正常有序地继续下去。教师负有教书育人的责任，没有一定的职业纪律就无法保证正常的教育教学秩序。教师还要教育学生遵守纪律、服从学校的规章制度，如果教师本人不守纪律，又何谈教育学生。因此，作为教师，首先要加强对职业纪律的认识，重视教师行业的职业纪律。

第二，要有教师角色意识，并不断强化这种角色意识。所谓有教师角色意识，就是要时刻想到自己扮演的是一名教师的角色，按照教师角色规范、约束自己。每当自己出现某种想法或做出某种举动时，都要考虑到是否符合教师的角色，是否符合教师职业纪律的要求，是否会对学生产生不好的影响。如果能够时刻意识到自己的教师角色，就不会出现违背教师职业纪律的现象。有些教师之所以屡屡违反纪律，其根源就在于缺少教师的角色意识。因此，要自觉遵守教师职业纪律，就必须强化教师的角色意识。

第三，要培养自己遵守职业纪律的良好习惯。纪律是一种约束，是对个人自由的一种限制。因此，对刚刚参加教育工作的教师来说，开始会感到很不自在。但是，职业纪律又是必须遵守的，容不得个人随意破坏。在这种情况下，最好的办法就是培养自己自觉遵守职业纪律的良好习惯。一旦养成了遵规守纪的习惯，就不会感到纪律是对自己的约束。而个人遵守职业纪律良好习惯的养成，有赖于个人坚强的意志品质。只有以顽强的意志力，克服各种困难，持之以恒，才能养成遵守职业纪律的习惯。

(五)教师的职业良心

职业良心是人们在履行对他人、对社会的职业义务过程中形成的道德责任感和道德自我评价能力,是一定的职业道德观念、职业道德情感、职业道德意志、职业道德信念在个人意识中的统一。它是一种道德意识现象,是职业劳动者对职业责任的自觉意识。

所谓教师的职业良心就是教师在对学生、学生家长、同事以及对学校、社会履行职业义务过程中所形成的特殊道德责任感和道德自我评价能力。教师的职业良心在教师职业道德体系中具有特殊的意义。因为教师的劳动是一种有别于其他职业的特殊劳动,是培养“人”的劳动。而“人”培养得如何,是无法作出准确定量检验的,主要靠教师的自我评价。这种自我评价的准则就是教师的职业良心。例如,教师备课是否到位,讲课是否认真,补课是否及时,学生的思想工作做没做、做得是否细致深入,学生的生活困难解决没有、解决到何种程度,等等。由此可见,教师干的都是“良心活”。因此,加强教师职业道德建设,必须重视培养教师的职业良心。

培养教师的职业良心,应该从以下三方面着手:

首先,要具有对教育事业高度的责任感。对教育事业高度负责的精神是催生教师职业良心的主要动力。如果一个教师根本不热爱教育事业,就谈不上对教育事业负责,也就不可能产生教师的职业良心。例如,面对一个所谓“后进生”的存在,没有教师职业良心的教师会无动于衷,而一个对教育事业高度负责的教师则会想办法帮助其进步。这是因教师的职业责任感不同而产生的不同工作态度。因此,培养教师的责任感是增强教师职业良心的必要前提。

其次,要具有高尚的师德品质。高尚的师德品质和教师的职业良心具有内在的必然联系。如果一个教师具有热爱教育事业、关心学生、勤奋工作、忘我奉献等优良师德品质,他就必然具有教师的职业良心。当发现自己做出了有损于教育事业或不利于学生的事情,他就会感到良心上的愧疚,就会千方百计采取措施进行弥补。而一个师德品质很差的教师则会不以为意,甚至找借口为自己开脱,根本不会产生良心上的不安。因此,高尚的师德品质是培养教师职业良心的基础。

最后,要有知耻心、自尊心、自爱心。这些都是教师职业良心的重要构成要素。如果一个教师不知羞耻,没有自尊,缺少自爱,就根本谈不上职业良心。因此,增强教师的职业良心就要培养教师的知耻心、自尊心、自爱心。

拓展阅读

请阅读徐建在《江苏高教》(2019 年第 20 期)上发表的《让职校教师沿着职业良心的导向前行》一文。该文明确指出,孟子将恻隐、羞恶、恭敬、是非之心称为良心。由此可见,良心是对他人的一种“善”。如何在物欲横流的社会大背景下守护住教师的职业良心,不仅事关教师队伍的建设,更关系到教育要培养什么样的社会主义接班人和建设者。“有良心”是职校教师从教的道德底线。作为伦理概念的“良心”,其当下的价值取向就是“爱国、敬业、诚信、友善”,对教师来说就是“学高为师,身正为范”。

(六)教师的职业作风

职业作风是人们在职业活动中表现出来的一贯的态度和行为。职业作风的优劣,取决于职业劳动者的职业思想和目标。有什么样的职业思想和目标,就有什么样的职业作风。例如,一名国家公务员若以为人民服务为指导思想和目标,就会形成恪尽职守、廉洁奉公、团结协作的工作作风;以谋取私利为指导思想和目标,就会形成推诿扯皮、吃拿卡要等违法乱纪的恶劣作风。可见,职业思想和目标对职业作风的形成至为关键。

教师的职业作风是教师在自身职业活动中表现出来的一贯态度和行为。为了形成良好的教师职业作风,教师需要在正确的指导思想和目标指引下做到以下几点:

第一,实事求是,坚持真理。教师工作作风上的实事求是、坚持真理就是在教育实践中全面了解学生情况,有针对性地开展教育工作。在教育学生时要讲真话、办实事、言行一致、表里如一、公道正派。在传授知识过程中要勇于坚持真理、批判错误,使学生学到真知实学。对于教师自己造成的错误,要采取实事求是的态度,公开向学生说明,不文过饰非。

第二,工作积极,认真负责。教师工作积极就是积极承担工作任务,对工作一丝不苟、兢兢业业,埋头苦干、任劳任怨,把自己的时间和精力都投入到工作中去。认真负责,主要是要求教师对学生的成长和成才负责。教师既要向学生传授文化科学知识,又要主动关心学生的思想和生活,做到既教书又育人。

第三,发扬民主,团结互助。教师作风的民主就是尊重学生、信任学生、理解学生。在教育教学过程中,教师要经常和学生交流,了解学生的想法,虚心听取学生意见,不搞一言堂。团结互助,一方面是指教师之间要相互关爱、和睦相处，在思想、工作、生活等方面相互帮助；另一方面是指教师与学生之间相互关心、相互帮助。特别是教师要和学生建立友好关系、关爱学生，这样才能有效开展教育教学工作。

第四，诚实坦白，平等待人。诚实坦白是指教师做人要诚恳实在，敢于说真话。无论对学生、同事，还是对学校领导，都正直无欺、坦坦荡荡。平等待人是指教师在人际交往中以平等态度对待他人，对所有交往对象一视同仁。特别在对待学生方面，不能因其学习好坏、家庭出身等因素而采取不同的态度。

（七）教师的职业荣誉

职业荣誉包括两方面内容：一方面是指社会用以评价劳动者行为的社会价值尺度，也就是对劳动者履行职业责任行为的赞扬；另一方面是指劳动者对自己职业活动社会价值的自我意识，也就是在职业良心中所包含的自爱和自尊。

职业荣誉和职业义务有着不可分割的联系。所谓职业义务，就是职业劳动者必须履行的职责和任务。职业义务的履行是获得职业荣誉的前提和条件，没有履行职业义务就谈不上职业荣誉。职业劳动者只有在履行职业义务时积极认真，并取得比较突出的成绩，才能为社会所认可，从而获得相应的职业荣誉。

教师的职业荣誉就是教师在履行职业义务后，社会对教师所给予的肯定和赞扬，以及教师个人由此所产生的荣誉感和自豪感。由于教师职业的特殊性和教师对社会的巨大贡献，社会对教师给予了很高的评价和荣誉，如“人类灵魂的工程师”“辛勤的园丁”等等。同时，对一些在教育事业上做出突出贡献的优秀教师，国家还给予优厚的待遇和荣誉。这种对教师工作的肯定和赞扬使教师产生了职业荣誉感。教师的荣誉感对于教师履行职业义务、为社会主义现代化培养人才有着巨大的激励作用。同时，它还可以帮助教师对自己职业行为作出评价，有助于教师分清是非、改正错误、培养高尚人格。因此，每个教师都应该努力创造自己的职业荣誉。创造职业荣誉应注意以下三个方面：一是要认真履行自己的职业义务，二是要有良好的职业素质，三是要有团结协作的精神。

（八）教师的职业技能

职业技能是指从事一定职业的人们应当具备的技术和能力。它是从事职业工作的必要前提和条件，也是职业工作者实现职业理想、追求高尚职业道德的具体内容。追求高尚的职业道德，不仅需要职业工作者身体力行、积极工作，还需要具备高超的职业技能。否则，高尚的职业道德就无从表现，职业道德的感召力就无从谈起。因此，培养高超的职业技能有深刻的道德意义，是职业道德建设的重要内容。

教师的职业技能集中表现为教师教书育人的能力，这种能力反映在教师教书育人的活动结果之中。因此，作为一名教师，要追求高尚的职业道德，就要努力提高自己教书育人的能力。那么，教师如何提高自己教书育人的能力呢？

首先，要掌握教育规律。作为培养学生的教师，必须懂得教育规律。否则，只凭经验进行教育工作，效果非常有限，有时甚至会出现南辕北辙的后果。因此，教师必须学习教育学、心理学、德育教育等方面的知识，掌握学生心理活动规律和教学规律，提高自己的教育能力。这样，从事教育工作才能得心应手，事半功倍。

其次，要刻苦钻研业务，不断更新知识。教师的工作水平取决于教师的业务水平。没有业务能力或业务水平不高的教师，绝不能成为一位好教师；而不断提高自己的业务水平，就需要不断加强学习，不断更新知识。当今时代是知识经济时代，科学技术正在突飞猛进地发展，知识更新速度不断加快。如果不加强学习，就必然成为时代的落伍者。因此，加强学习，不断更新知识，充实自己的头脑，提升自己的素质，是当代教师的一项重要任务。

再次，要掌握管理知识和技能。管理知识和技能是教师职业技能的重要组成部分。作为教师，如果不具有管理方面的知识和技能，既无法组织教学、保证正常的教学秩序，也无法组织学生活动，取得预期的效果。特别是做班主任工作的教师，要使班级井然有序、学习及各项活动名列前茅，没有一定的管理知识和技能是很难达到的。因此，掌握管理知识和技能对于履行教师职责非常必要。

最后，加强实践，不断创新。教师职业技能的形成，其前提是必须掌握一定的科学文化知识，否则，职业技能就无从谈起。但是，掌握了科学文化知识并不意味着就具备了相应的职业技能。职业技能是在科学文化知识的指导下，经过实践而形成的，没有实践的磨砺，没有经验的积累，就不可能形成职业技能。因此，教师必须加强实践，通过理论和实践结合，提高自己的职业技能。同时，在实践中还要进行深入的研究和探索，不断创新，使自己的职业技能向更高的境界攀升。

三、加强职业道德修养的必要性

（一）深入贯彻落实以德治国重要思想的迫切需要

高校在实践“为人民服务，让人民满意”宗旨的过程中，肩负着“大力发展先进文化，支持健康有益文化，努力改造落后文化，坚决抵制腐朽文化”的社会责任。我们的教师，是以德治校的主力军，是素质教育的实施者，是人才成长的引路人。因此，加强高校教师职业道德修养，是落实和推进以德治国方略的重要组成部分。加强师德师风建设，是高校责无旁贷的使命，是高校教师义不容辞的任务。

高等学校素质教育的推进，关键在于教师素质。教师素质的核心是教师的职业道德，而教师的职业道德又主要体现在教师的事业心和责任感两方面。任何一种职业道德体系无不包含着对事业心、责任感的道德论证和价值诠释，无不透示着事业心、责任感在职业中“何以必要”的道理和“如何锤炼与体现”的指导。职业道德能使教师从中获得对事业心、责任感的理性认识，理解其价值意义，扫除遮蔽事业心、责任感生成发展的尘埃，进而把它融入教师自己的职业生活，成为教师自己的职业操守和人生操守。因此，教师职业道德是实施高等学校素质教育的重要保证。

(二)实现学校办学目标的迫切需要

要办好一所大学，必须拥有高素质的教师队伍，而高素质的教师队伍必须具有良好的师德师风。随着社会的发展，能否提升办学层次、推进跨越式发展，与师德师风建设具有直接而内在的联系。学科专业结构的调整、管理体制的改革、发展战略的实施、教育质量和效益的提高，都需要广大教职工积极参与、和衷共济、敬业奉献，充分发挥教职工的积极性、主动性、创造性。只有这样，才能保持学校的创新能力和竞争实力，才能保持学校不断发展的生命力。

目前，我们国家确立的教育改革目标是全面推进素质教育。素质教育是以提高受教育者诸方面素质为目标的教育模式，它依据《教育法》规定的国家教育方针，着眼于受教育者及社会长远发展的要求，以尊重学生主体性和主动精神、注重开发人的智慧潜能、注重形成人的健全个性为根本特征。素质教育是对应试教育模式的一种纠正。相对于应试教育来讲，素质教育是符合教育规律的更高层次、更高水平、更高质量的教育。

(三)提高师德师风建设的迫切需要

大学是学生的世界观、人生观和价值观形成的重要时期。大学教师是学生健康成才过程中的关键因素。当前，高校师德师风整体上是好的，然而师德师风建设中个别不尽如人意的现象，严重影响了教师队伍的形象和声誉，影响了教学质量和科研水平的提高，也影响了校风学风的整体改善，极不利于素质教育的全面实施。有些教师受社会不良风气的侵蚀，在价值观方面出现了迷茫和扭曲。片面追求功利，成为一小部分高等学校领导和教师的价值取向。有的学校办学指导思想不正，“行业敛财”现象屡禁不止。如采用虚假宣传招生，不讲诚信，不兑现教育上的承诺；在学校管理方面，把学生视为“财源”，巧立名目，乱收费，高收费等。从教师方面看，有的教师缺少为人师表、爱岗敬业的职业道德，教学马虎，敷衍塞责，不尽职责；有的言行不正，执教不公；有的教师进行科研造假，剽窃他人科研成果；有的教师向学生索要钱物，还有少数“害群之马”和学生乱搞两性关系；等等。所有这些现象表明，高等学校已经不再是一方净土。

因此，转变学校不良风气是加强高等学校教师职业道德修养的一个重要方面。高等学校教师只有具有高度的责任意识和道德修养水平，才能更好地约束自己，用正确的价值观指导自己的行为，从而完成教书育人任务。同时，我们还要看到，教师职业道德不仅直接影响教育行业的风气，同时对整个社会风气也具有广泛影响。服务社会是高等学校重要职能之一。如果高等学校教师具有良好的职业道德，通过参加社会活动，教师的素质、品质和精神风貌就会对社会风气产生积极影响。

拓展阅读

请阅读《教育部关于高校教师师德失范行为处理的指导意见》(教师〔2018〕17 号)。该文明确指出对高校教师师德失范行为实行“一票否决”。高校教师出现违反师德的，要根据情节轻重，给予相应处理或处分。

第二节　高校教师职业行为准则

教师是人类灵魂的工程师，是人类文明的传承者。广大教师贯彻党的教育方针，教书育人，呕心沥血，默默奉献，为国家发展和民族振兴作出了重大贡献。为进一步增强教师的责任感、使命感、荣誉感，规范职业行为，明确师德底线，引导广大教师努力成为有理想信念、有道德情操、有扎实学识、有仁爱之心的好老师，着力培养德、智、体、美、劳全面发展的社会主义建设者和接班人，教育部于 2018 年印发了《新时代高校教师职业行为十项准则》。

一、坚定政治方向

坚持以习近平新时代中国特色社会主义思想为指导，拥护中国共产党的领导，贯彻党的教育方针；不得在教育教学活动中及其他场合有损害党中央权威和违背党的路线、方针、政策的言行。

二、自觉爱国守法

忠于祖国，忠于人民，恪守宪法原则，遵守法律法规，依法履行教师职责，不得损害国家利益、社会公共利益或违背社会公序良俗。

三、传播优秀文化

带头践行社会主义核心价值观，弘扬真、善、美，传递正能量，不得通过课堂、论坛、讲座、信息网络及其他渠道发表、转发错误观点，或编造散布虚假信息、不良信息。

四、潜心教书育人

落实立德树人根本任务，遵循教育规律和学生成长规律，因材施教，教学相长，不得违反教学纪律、敷衍教学或擅自从事影响教育教学本职工作的兼职兼薪行为。

五、关心爱护学生

严慈相济，诲人不倦，真心关爱学生，严格要求学生，做学生良师益友，不得要求学生从事与教学、科研、社会服务无关的事宜。

六、坚持言行雅正

为人师表，以身作则，举止文明，作风正派，自重自爱，不得与学生发生任何不正当关系，严禁任何形式的猥亵、性骚扰行为。

七、遵守学术规范

严谨治学，力戒浮躁，潜心问道，勇于探索，坚守学术良知，反对学术不端，不得抄袭、剽窃或篡改、侵吞他人学术成果以及滥用学术资源和学术影响。

八、秉持公平诚信

坚持原则，处事公道，光明磊落，为人正直，不得在招生、考试、推优、保研、就业及绩效考核、岗位聘用、职称评聘、评优评奖等工作中徇私舞弊、弄虚作假。

九、坚守廉洁自律

严于律己，清廉从教，不得索要、收受学生及家长财物，不得参加由学生及家长付费的宴请、旅游、娱乐休闲等活动，不得利用家长资源谋取私利。

十、积极奉献社会

履行社会责任，贡献聪明才智，树立正确义利观，不得假公济私，不得擅自利用学校名义或校名、校徽、专利、场所等资源谋取个人利益。

许多专家对该准则进行了解读。他们共同发声，主张守住教书育人的底线。归结起来，要点如下：一是教师要坚持正确的政治方向，要以新时代中国特色社会主义思想为指导，践行社会主义核心价值观，以身作则，做学生的榜样，从而帮助学生把握好人生方向，“扣好人生第一粒扣子”。二是教师要充分认识到教师职业的神圣使命，即教师是从事塑造人的心灵、培养人的职业。三是教师要具有高尚的道德情操，树立良好的师德师风，坚持教书和育人相统一、言传和身教相统一。高等学校的教师要坚持党的领导，坚持以马克思主义为指导，为学生的成长奠定科学的思想基础，要坚持不懈地培育优良校风和学风，坚持专心问道和关注社会相统一、学术自由和学术规范相统一，坚持实事求是、理论联系实际的作风。四是教师要不断学习，提高自己的人文素养和专业水平，让教书育人成为毕生的事业。

拓展阅读

请阅读林崇德的《师魂——教师大计　师德为本》(高等教育出版社2014年版)第三章《析师德，人之模范重修道》。该文明确指出：教师要热爱党，热爱社会主义祖国，忠于人民的教育事业；要树立正确的教育观、质量观和人才观，增强实施素质教育的自觉性；要不断提高思想政治素质和业务素质，教书育人，为人师表，敬业爱生。

第三节　“四有”好老师的标准

2014年第30个教师节前夕，习近平同志考察北京师范大学时勉励广大师生争做“四有”好老师，要“有理想信念、有道德情操、有扎实学识、有仁爱之心”①。

一是要有理想信念。教师肩负着培养下一代的重要责任。正确的理想信念是教书育人、播种未来的指路明灯。教师心中要有国家和民族，要明确意识到自己所肩负的国家使命和社会责任；始终同党和人民站在一起，自觉做中国特色社会主义的坚定信仰者和忠实实践者，忠诚于党和人民的教育事业，自觉

① 习近平：《做党和人民满意的好老师：同北京师范大学师生代表座谈时的讲话》，人民出版社2014年版，第4页。

把党的教育方针贯彻到教学管理工作全过程，严肃认真地对待自己的职责；做中国特色社会主义共同理想和中华民族伟大复兴中国梦的积极传播者，帮助学生筑梦、追梦、圆梦，让学生成为实现我们民族梦想的正能量。

二是要有道德情操。教师的人格力量和人格魅力是成功教育的重要条件。老师对学生的影响，离不开老师的学识和能力，更离不开老师为人处世、于国于民、于公于私所持的价值观。要率先垂范、以身作则，引导和帮助学生把握好人生方向。

三是要有扎实学识。扎实的知识功底、过硬的教学能力、勤勉的教学态度、科学的教学方法是教师的基本素质，其中，知识功底是基础。想要在信息时代做一名好老师，自身的知识量要远超课程知识容量，不仅要有胜任教学的专业知识，还要有广博的通用知识和宽阔的视野。要始终处于学习状态，站在知识发展前沿，不断充实提高自己，在各个方面给学生以帮助和指导。

四是要有仁爱之心。爱心是帮助学生打开知识之门、启迪心智的基石，爱心能够滋润学生美丽的心灵之花。老师的爱，既包括爱岗位、爱学生，也包括爱一切美好的事物。要用爱培育爱、激发爱、传播爱，通过真情、真心、真诚拉近与学生的距离，滋润学生的心田，使自己成为学生的好朋友和贴心人。把自己的温暖和情感倾注到每一个学生身上，用欣赏增强学生的信心，用信任树立学生的自尊，让每一个学生都健康成长，让每一个学生都享受成功的喜悦。尊重学生、理解学生、宽容学生，使学生充满自信，同时通过言传身教教育学生尊重他人。

教师是“人类灵魂的工程师”，把全部精力和满腔热情献给教育事业，必须努力教书育人。教书是手段，育人是目的，在对学生、对国家高度负责的同时，要坚决履行教师的职业道德规范，做一名新时代的“四有”好老师。

拓展阅读

新时代如何做一名“四有”好老师，请阅读程建平 2017 年 11 月 23 日在《人民日报》发表的《培养新时代“四有”好老师》一文。文中指出，打造一支有理想信念、有道德情操、有扎实学识、有仁爱之心的“四有”好老师队伍，是学校办学的重要任务。要切实加强教师思想政治工作，引导广大教师自觉做先进思想文化的传播者、党执政的坚定支持者，更好担负起学生健康成长指导者和引路人的责任。

思考与练习

一、简答题

1.新时代高校教师职业行为十项准则内容有哪些？

2.针对新时代高校教师职业行为十项准则，谈谈你自己的看法。

3.新时代如何争做“四有”好老师？

4.高校教师职业道德的特殊性和重要性表现在哪些方面？

二、材料分析题

教育部出台《关于建立健全高校师德建设长效机制的意见》（以下简称《意见》），首次划出高校教师师德禁行行为“红七条”，在科研工作中弄虚作假、抄袭剽窃、影响正常教育教学工作的兼职兼薪行为、收受学生及家长礼品、对学生实施性骚扰等都属于高校教师师德禁行行为。同时，明确了师德作为教师考核条件的重要指标以及违反“红线”的责任追究等内容。《意见》提出建立健全教育、宣传、考核、监督、激励和惩处相结合的高校师德建设六大长效机制。《意见》称，要创新师德教育，将师德教育摆在高校教师培养首位，贯穿于高校教师职业生涯全过程。

1.制度在师德建设中的作用有哪些？

2.建立建全高校师德建设长效机制的主要举措有哪些？

第三章　高校教师职业道德规范

学习目标

1.明确高校教师的道德义务。
2.明确高校教师的职业良心。
3.掌握高校教师职业道德规范的内容。

案　例

张某是某高校青年教师，重视科学研究，注意将学科前沿知识融入到课堂教学。他教学认真，对学生要求很高、很严。课堂上如果谁回答错了，他常当众指责。他点评学生作业的时候，对学生的错误和不妥之处讽刺挖苦，当众指名道姓，说他们“笨极了”“脑子不开窍”等等。根据教师职业道德规范，大家对张某的做法给予评析。

教师 A：张某做到了锐意创新这一教师职业的基本道德规范。

锐意创新是指勇于进取，敢于创新，打破常规，追求上进，力图有所作为。

教师 B：张某做到了严谨治学这一教师职业的基本道德规范。

严谨治学是指教师要树立优良的学风，刻苦钻研业务，不断学习新知识，勇于探索教育科学规律，改进教育教学方法，提高教育教学和科研水平。严谨治学不仅是教师职业道德责任感的直接体现,也是教师完成教书育人职责必备的品德之一。

教师C:张某违背了热爱学生、尊重学生人格这一教师职业的基本道德规范。

热爱学生是指教师要关心爱护全体学生,尊重学生人格,平等、公正地对待学生;热爱学生是指教师要对学生严格要求,耐心指导学生;热爱学生是指教师不讽刺、挖苦、歧视学生,不体罚和变相体罚学生,保护学生合法权益,促进学生全面、健康发展。教师只有努力履行这一道德规范,才能处理好师生关系、优化教育过程、高质量地完成对学生的教育和培养。

高校教师在教育教学活动中应当遵循一定的道德规范。高校教师道德规范是社会对高校教师基本要求的概括,体现着师德原则和精神;它通过高校教师个体自我评价和社会舆论评价相结合的方式,影响着高校教师的行为。高校教师道德规范的形成,不仅与高校教师职业活动息息相关,而且与教育规律紧密联系,只有那些能正确反映教育规律内在联系和要求的师德规范才能发挥应有的作用。高校教师在教书育人活动中的道德规范主要有针对个体道德的教师义务和良心以及需要共同遵守的道德行为规范等。

第一节　高校教师的道德义务

个体道德是处在他律阶段上的道德,其核心和最高范畴是义务。义务是对道德规范的自我意识,是道德行为的开始。所以黑格尔说:“道德之所以是道德,全在于具有知道自己履行义务这样一种意识。”[①]《礼记·中庸》载:“义者,宜也。”宜即适宜、应当。所谓义务,是个体对他人或社会做自己应该做的事情。

道德义务是人类社会生活中普遍存在的道德关系和道德要求。任何社会或阶级,都要对全社会的成员或本阶级提出一定的义务要求,以调整人们之间的关系,把人们的行为引导到一定的社会秩序中去。任何个人在同他人或社会整体(民族、国家、阶级、政党、团体等)的交往和关系中,也总是要做出尽某种义务的行为。正如马克思在《德意志意识形态》中所说:“作为确定的人,现实的人,你就有规定,就有使命,就有任务,至于你是否意识到这一点,那是无所谓的。”[②]作为教师,更应正确认识自己应履行的义务,认真承担自己应尽的职责。

① [德]黑格尔:《精神现象学》下卷,贺麟、王玖兴译,商务印书馆1979年版,第157页。

② 《马克思恩格斯全集》第3卷,人民出版社1960年版,第329页。

一、高校教师道德义务的范畴

教师的义务是指教师依照《教师法》规定所承担的必须履行的责任，表现为教师必须作出一定的行为或不得不作出一定的行为。所谓道德义务是指人们基于对他人和社会利益的理解，在内心信念的引导下自觉履行的责任。它是一定社会或阶级的道德原则和道德规范对人们行为的要求。

拓展阅读

请阅读《教师法》第 8 条关于教师的义务的相关规定。高校教师的道德义务是教师道德原则和规范的具体化，也是一定社会历史时期的阶级道德原则和规范的具体要求。它包括两个方面的含义：一是指社会对教师在履行教师职责时所提出的道德要求的总和；二是指教师在教育实践中自觉意识到一定社会或阶级对教师提出的各种要求的合理性，从而把教师道德原则和规范变成自己的道德信念，积极、自觉地履行教师对社会、对学生的职业责任。现阶段，我国教师的主要义务是：坚持党的基本路线，按照党和国家的教育方针政策，自觉为社会主义事业培养合格的建设者和接班人。

二、高校教师道德义务的特点

（一）具有高度的自觉性

道德义务不同于法律义务，违背道德义务不一定要受到相应的处罚。道德义务虽然也有约束力，具有道德命令的性质，但它是在教师自觉认识和了解道德要求的基础上，自愿使自己的行为符合道德规范，自觉承担起对学生、对他人、对社会的道德责任，而不是组织或他人所强加的，更没有附带任何条件。

（二）具有公而忘私的奉献精神

非道德型的义务是同权利相对应的，二者不可分割。但是，道德义务不以享受权利为前提，它所强调的是责任、奉献、牺牲。尽管教师有时会获得社会舆论的肯定和赞扬，得到社会回报的某些权利或利益，但从教师本身来说，做出奉献行为主观上不以求得权利报偿为条件，否则，他的行为就称不上道德行为。

（三）具有自我道德完善的意义

高校教师履行道德义务是自我道德完善的过程。履行义务不仅有改造客观世界、造福人民的社会价值，更是改造主观世界的重要途径，能使高校教师自身的道德水平向高层次迈进，达到新的境界。古往今来，许多杰出教育家和模范教师都是在不断履行教师道德义务的过程中逐渐成熟并成为行业楷模的。

拓展阅读

请阅读求是理论网上杨德广撰写的《弘扬科学精神，努力探索创新》一文。该文中明确指出，学生的复杂性、多样性、多变性，决定了教师必须严谨治学，必须探索创新。另外，知识的无穷性、交叉性、复杂性，也决定了教师必须严谨治学，必须探索创新。教师只有把书本上的知识变成生动有趣的、学生容易接受和吸收的知识，才能取得良好的教学效果。高等学校是知识传授、应用和创新的主要基地，又是培养创新人才的摇篮。因此，高校教师只有坚持“严谨治学”“弘扬科学精神，努力探索创新”，才能培养出具有创新精神的人才。

三、高校教师道德义务感的确立

在教育活动中，教师道德义务感的确立是由多方面的因素决定的。

（一）决定于高校教师对新时代的清醒认识

教师的道德义务和一般道德责任一样，既不是唯心主义和宗教学说所说的天外之物，也不是旧唯物主义者所说的由人的自然本性和自然需要所决定的，而是根源于社会的经济和物质生活条件，根源于社会历史发展进程的要求和时代需要。当今时代是建设中国特色社会主义的新时代，把教育摆在优先发展的战略地位，努力提高全民族的思想道德和科学文化水平，这是实现我国社会主义现代化的根本大计。历史赋予教育战线全体同志，特别是广大教师的责任是极其光荣、艰巨而又紧迫的。高校教师只有对新时代有了清醒的认识，才能确立正确的义务感，自觉地肩负起新时代的责任和历史使命，把教育工作提高到一个新水平，为提高全民素质、促进国家振兴和社会进步作出更大的贡献。

（二）决定于高校教师对教育事业的无私奉献精神

无私奉献是教师稳定、持久的情感和鲜明的意向选择，是教师高尚世界观、人生观和价值观的表现。在我国教育史上和现实生活中，教师义务感的确立与他们的无私奉献精神密切相关。伟大的教育家陶行知先生从教三十年，赢得桃李满天下，他以“捧着一颗心来，不带半根草去”的高尚情怀，献身教育、鞠躬尽瘁，展现了一个教育家的崇高义务感。

(三)决定于高校教师对教育事业的敬业乐业思想

所谓“敬业”,就是教师对教育事业、教师职业的性质、任务、社会作用等有正确认识,具有专心致志的端正职业态度。这是教师确立义务感的前提。所谓“乐业”,是指教师深刻认识到自己所肩负的光荣而艰巨的使命,坚定为人民教育事业献身的职业信念,并热爱教育事业。这是教师确立义务感的内在条件。一个教师如果对他所从事的教育事业无敬业、乐业思想,就谈不上确立义务感,更不用说勤业了。

第二节　高校教师的职业良心

自律阶段是个体道德发展的一个更为重要的阶段。个体随着道德实践活动的发展和深入,对社会道德的分析、判断和选择能力也在不断提高。个体不仅越来越清楚地认识到按照某种社会道德要求尽义务的必要性和重要性,而且逐渐将尽义务变成他心灵的一种需要、一种内在的责任感。于是尽义务对于个体来说,不再是异己的存在,而是为我的存在。如此一来义务的他律性就被扬弃了,个体道德的发展也随之由他律阶段提升为自律阶段。皮亚杰说:“当心灵认为必须要有不受外部压力左右的观念的时候,道德自律便出现了。”①个体道德从他律阶段向自律阶段的升华也就是从道德义务向道德良心的转化过程。职业良心集中体现了个体道德活动在自律阶段的特点。

一、高校教师职业良心的含义

所谓“职业良心”,就是个人在工作中履行对他人和社会道德义务的过程中所形成的一种深刻的责任感和自我评价能力。

教师的职业良心,就是教师在对学生、家长、同事以及对社会、学校、履行职业义务的过程中所形成的特殊道德责任感及道德自我评价能力。教师职业良心是教师职业道德规范体系的重要范畴之一,是教师在教育生涯过程中所形成的体现为教师职业信念中强烈的道德责任感和进行自我评价的能力。如果说教师职业的义务本身是一种客观的社会使命,那么教师的职业良心就可以说是一种被教师自觉意识到并隐藏于内心深处的使命感。如果道德要求没有被内化,那么教师是无法正确履行道德义务的。也就是说,教师的职业良心取决于教师自己在教育实践中的自我修养和自我教育。

高校教师的职业良心是指教师对自身教育劳动所应负道德责任的认识和

① ［瑞士］让·皮亚杰:《儿童道德判断》,傅统先、陆有铨译,山东教育出版社 1984 年版,第 233 页。

评价，是教师特有的一种自觉的道德意识。教师的职业良心是教师在教育职业生活中，即在履行为社会教书育人的义务过程中产生和形成的，既是教师职业意识中的一种强烈的道德责任感，又是教师依据一定的道德准则对自己的行为进行自我评价的能力。作为一种道德责任感，它是教师对社会和学生的强烈义务感的表现。作为一种自我评价的能力，它是一定的道德原则和规范在教师内心深处形成的稳定的信念和意志。就其全部内容而言，它是一定的道德观念、道德情感、道德信念和道德意志在教师职业意识中的有机统一。

二、高校教师职业良心的特点

高校教师良心与其他职业良心相比，有这样两个主要的特点：

（一）层次性高

所谓层次性高，是指高校教师普遍具备较高的自我要求和自觉性，在职业良心方面往往具有较高的境界。具体表现为：第一，高校教师学历层次普遍较高，经过职前教育和继续教育，在教育道德义务方面都有较高的自觉性。第二，职业良心的调整范围广泛。比如，教师的服装必须庄重、大方；教师的言谈举止，必须反映出较高的文化和道德修养，否则就不足以垂范于学生；等等。高校教师的职业良心时时提醒他们为人师表，并提出较高的修养要求，这是高校教师职业良心的重要特质。

（二）教育性强

所谓教育性强，是指高校教师职业良心的榜样作用以及判断职业良心的最终标准是看良心是否真正符合教育事业的要求。职业良心往往处于直觉状态，即使是理性状态下，职业良心也仍然具有较多的情感抉择的特性。同时，职业良心作为主体对道德义务的一种自觉而存在，而落实职业良心要求的行为方式是多种多样的，所以职业良心本身及其落实的方式都需要在良心之外寻找最终的检验标准。检验高校教师职业良心的最终标准也只能是看其是否有利于学生的教育。

三、高校教师职业良心的作用

高校教师的职业良心，是教师道德觉悟的综合表现，是教师道德的灵魂。它的形成和发展对调整教师的行为具有很大的能动作用。

首先，在行为之前，教师的职业良心决定着行为的选择。教师在做出一种行为之前，道德良心依据道德义务的要求和自己认定的善恶标准，对行为动机进行预先评估，从而确定行为的选择。也就是说，道德良心对行为的动机进行审定，并依照其所具备的道德判断力，对符合道德要求的行为动机予以肯定，对不符合道德要求的行为动机予以抑制或否定，为具体的行为指定符合道德要求的路线，这就是职业良心的选择作用。

其次，在行为过程中，高校教师的职业良心对行为进行监控。职业良心监督着行为过程的发展，对符合道德要求的情感、信念、意志给予支持、鼓励和强化；对不符合道德要求的，尤其是对行为过程中认识上的错误、不正确的行为等加以调整和制止，以保证道德原则和规范的实现。

最后，在行为之后，教师的职业良心对行为的结果作出评价。因为教师的职业良心与教师的义务、职责相关，只有当教师行为结束之后，职业良心才能全面审查和评价行为的效益和影响，进而总结经验教训。从职业良心发挥作用的三个环节来看，其作用的充分发挥，主要是在教师行为之后。也只有在教师行为之后，教师职业良心才能从实际的行为后果和影响中作出全面公正的评价。一个教师在总结、回顾自己的执教生涯时往往会产生最深刻的职业良心，就是这个道理。

总之，教师职业良心就是教师的重要精神支柱和精神导向，特别是在当前环境下，广大教师树立高尚的职业良心对促进社会主义精神文明建设、提高全民道德水平、净化社会风气具有广泛的社会作用。

四、高校教师职业良心的形成

高校教师的职业良心是在一定的社会关系和物质生活条件下，在教师教育实践中，通过教师对社会和学生义务关系的深刻体验和认识而逐渐形成的。

（一）正确认识教师职业良心的起源和本质

关于教师职业良心的起源和本质，在马克思主义伦理学未产生以前，历史上的中外伦理学家们均未能在一定物质生活条件和社会关系中进行考察。他们或者认为教师职业良心是一种先天的“良知”，或者把教师职业良心归结为某种“绝对精神”，或者把教师职业良心仅仅看作是人的一种自然情感。

马克思主义伦理学产生以后，第一次科学地揭示了教师职业良心的起源和本质，阐明了教师职业良心的社会内容和重大作用。马克思主义伦理学认为教师职业良心既不是什么天赋的神秘现象，也不是人的“自然情感”的再现，而是由人的知识和生活方式决定的。也就是说，职业良心产生于人们的社会生活，是由人们的物质生活条件和社会关系所决定的。不同的物质生活条件和社会关系中，教师的职业良心是不同的，正如马克思所说：“共和党人的良心不同于保皇党人的良心，有产者的良心不同于无产者的良心，有思想人的良心不同于没有思想人的良心。"[①]教师的职业良心实际上是教师特有的一种意识，是一定的社会关系和道德关系在教师群体头脑中的反映。

高校教师的职业良心，乃是教师对社会和学生应尽的义务及其之间的关系在教师内心的反映，是外部的义务要求转化为教师内在的道德要求和个人品质的结果。高校教师要形成自己的正确职业良心，首先就要对良心的起源和本质有正确认识，要树立正确的职业良心观。

(二)深刻理解一定社会的道德关系

无论是教师个人或是教师集体的职业良心，都是教师对一定社会道德关系的自觉反映和深刻理解。第一，作为教师职业良心重要方面的道德责任感是教师在深切体验和认识到自己对学生、对教师集体、对社会有教育义务时才形成的。第二，教师职业良心是以自我评价的道德原则和规范为前提的，也是一定社会或阶级的道德要求。如果没有一定社会或阶级的道德要求，或者这些客观要求不被教师所理解，不能内化为教师的内心信念，那么就不可能形成教师道德意识中的自我评价能力。因此，对一个高校教师来说，只有以教师道德为指导，自觉认识和深刻理解了一定的社会道德关系，才能形成教师的职业良心。

(三)自觉地进行自我修养、自我教育

高校教师职业良心的形成，很大程度上取决于教师自己在社会和教育实践中的自我修养、自我教育。离开了社会和教育实践中的自我修养、自我教育，一定社会或阶级的道德要求就很难变成教师的"道德自律"，很难使教师发自内心地去履行对学生、他人和社会的义务。因此，高校教师要形成自己的职业良心，就要在教育实践中不断地用教师道德规范对照检查自己、解剖自己，加强自我修养、自我教育。

第三节　高校教师职业道德规范的内容

为贯彻落实党的十七届六中全会精神，全面提高高校师德水平，增强广大教师教书育人的责任感和使命感，2011 年教育部、中国教科文卫体工会全国委员会研究制定了《高等学校教师职业道德规范》(以下简称《规范》)。2018 年，为深入贯彻习近平新时代中国特色社会主义思想和党的十九大精神，深入贯彻落实全国教育大会精神，扎实推进《中共中央国务院关于全面深化新时代教师队伍建设改革的意见》的实施，进一步加强师德师风建设，教育部研究制定了《新

① 《马克思恩格斯全集》第 6 卷，人民出版社 2006 年版，第 152 页。

时代高校教师职业行为十项准则》,这些都对高校师德师风建设提出了更高要求。高校教师职业道德规范的具体要求,主要包括以下几个方面:

一、高校教师职业道德规范的具体要求

(一)爱国守法

爱国就是热爱祖国,热爱人民,拥护中国共产党领导,拥护中国特色社会主义制度。遵守宪法和法律法规,贯彻落实党和国家教育方针,依法履行教师职责,维护社会稳定和校园和谐,不得有损害国家利益和不利于学生健康成长的言行。

我们都知道,热爱祖国体现了一个人对自己祖国的深厚感情,反映了一个人与祖国的依存关系,是调节个人与祖国之间关系的道德要求。热爱祖国是一种高尚的道德情感,是每一个人都应当自觉履行的责任和义务。

热爱祖国对一个教师来说尤为重要,它是教师献身教育的思想基础。苏联教育家苏霍姆林斯基在给儿子的信中有这样一句话:"一个真正热爱祖国的人,在各方面都是一个真正的人。"中华人民共和国成立以来,无数的人民教师胸怀爱国赤子之心,为民族振兴、国家繁荣进步作出了巨大贡献。

另一方面,教师的法纪观念如何,不仅反映了教师自己的为人,而且直接影响到对下一代的培养。教师自觉地遵纪守法,对于青少年学生的健康成长、社会主义民主法治建设和道德风貌的良性发展以及对于我们国家和民族的未来来说是至关重要的。因此,人民教师应当十分注重培养自己良好的法纪风貌,做到遵纪守法、严格要求,而且贯彻始终。

《规范》明确要求教师要全面贯彻国家教育方针,自觉遵守教育法律法规,依法履行教师职责权利,不得有违背党和国家方针政策的言行。

拓展阅读

请阅读袁振国在教育部人事司和《中国教育报》于 2011 年 10 月 21 日联合推出的高校教师职业道德规范讨论会上的讲话《承担社会责任,担当学生表率》。讲话中指出,爱国守法是高校教师的基本责任。高校是我国实施科教兴国战略和人才强国战略的重要支撑,高校教师肩负着培养人才、科技创新、服务社会和文明传承的重要使命,特别在当前国际竞争日趋加剧、我国正进入全面建成小康社会和现代化建设的关键时期,爱国守法是高校教师服务国家、服务人民的必然要求,是高校教师应该承担的基本

社会责任。爱国守法是高校教师应有的道德担当。高校教师是培养德、智、体、美、劳全面发展的社会主义建设者和接班人的主要承担者和依靠者。袁振国讲话的最后特别强调：引导学生树立正确的世界观、人生观和价值观，自觉维护党和国家利益，高校教师应当成为榜样。

（二）敬业爱生

高校教师要坚持育人为本，立德树人；遵循教育规律，实施素质教育；注重学思结合，知行合一，因材施教，不断提高教育质量；严慈相济，教学相长，诲人不倦；尊重学生个性，促进学生全面发展；不拒绝学生的合理要求；不从事影响教育教学工作的兼职工作。

第一，爱岗敬业就是热爱自己的工作岗位，热爱本职工作。爱岗敬业是对高校教师的职业道德要求，也是一种崇高的美德。高校教师爱岗敬业的总体要求是：热爱学生，以学生为本，围绕学生的成长成才，关注、关心和关爱学生；对教育教学工作认真负责、精益求精，对学生严格要求、悉心培养。具体表现为：上课认真负责，严格执行考勤制度，不迟到、不早退，课堂纪律严明，认真解答学生提出的问题，认真批改作业；严格执行考试制度，命题实事求是，评卷认真负责，考试成绩能客观公正地反映学生水平；积极开展教育教学研究，努力探索教育教学规律，对教育教学工作进行科学设计与有效实践，不断改进教学方法；开展科学研究，服务地方社会经济发展；学习和充实新的知识，不断提高自己的理论和业务水平，掌握学科前沿动态。总之，对于一个爱岗敬业的教师来说，学生是他生命的给养，讲台是他生命的舞台，教学是他生命的源泉。

拓展阅读

请阅读杨明云在人民网上发表的题为《北大教授孟二冬——支教·治学·做人》一文。该文章记述了一位普通教师的故事，他没有惊天动地的壮举，但他爱岗敬业、为人师表的风范令人感动。他就是北大中文系古代文学教研室的博士生导师孟二冬教授。

文章描述了孟二冬教授在新疆石河子大学支教时全身心地投入备课授课，他为完成一部具有重大史料文献价值的专著，七年如一日，最后完成了100多万字的《登科记考补正》。文章高度评价孟二冬教授：一是把对党和人民的热爱全部凝聚在工作中。二是默默无闻地实践着一个共产党员和人民教师的价值标准，用自己的行动再次诠释了人生的真谛。最后，文章强调，学习孟二冬，就是要学习他处处以共产党员的先进性标准要求自己，为党和人民的教育事业无私奉献、不计名利的精神；学习他爱岗敬业、为人师表，为教书育人恪尽职守、呕心沥血的精神；学习他崇尚师德、治学严谨，为追求学术锲而不舍、求真务实的精神；学习他珍爱生命、坚韧不拔，为战胜疾病不屈不挠、积极乐观的精神。

第二，热爱学生、诲人不倦是调整教师与学生相互关系的道德规范，也是教师教书育人的感情基础，同时又是教师热爱祖国、热爱人民、热爱社会主义教育事业的具体体现。高校教师只有做到热爱学生、诲人不倦，才能真正做到献身教育、甘为人梯。热爱学生、诲人不倦是高校教师做好教育工作的力量源泉，是完成教书育人教育目的的重要思想基础。热爱学生、诲人不倦应有的道德要求是：

一要关心学生，观察、了解学生。教师热爱学生，最根本的就是要按照党的教育方针从德、智、体、美、劳等几个方面全面地关心学生的成长。高校教师全面关心学生的成长，首先要从关心学生的学习开始。学生应以学习为主，放松或放弃学习，对学生健康成长都是不利的。教师要培养、教育学生，还要观察和了解学生。俗话说“知之深，爱之切”，高校教师要多接触学生，了解他们的生活心理状态，了解他们的志趣、爱好。教师对学生了解得越深，越有利于沟通交流，师生关系才会更融洽。

二要尊重学生，鼓励、信任学生。大学生的独立自主意识都比较强，因此高校教师要注意尊重学生。教师尊重学生，是热爱学生的表现，是社会主义条件下新型师生关系的具体体现，也是促进学生健康成长的重要条件。尊重和信任学生，必须尊重学生的人格，不允许粗暴批评、辱骂、讽刺、体罚学生。高校教师尊重和信任学生，就要给学生以信心和力量，鼓励和发扬学生身上积极、美好的东西。即使是有缺点乃至犯错的学生，也要充分信任他们、尊重他们，引导他们克服错误，在教师的信任和期待中不断进步。

三要严格要求学生，疏导、管理学生。俗话说：“严师出高徒。”热爱学生本身就要求教师严格要求学生。大学生虽然已经有了很强的自主性和自觉性，但仍然需要严格要求，否则，也会出现学生纪律松散、行为出格等现象。如果教师对学生要求不严，马马虎虎，就是对学生不负责任，就是误人子弟。

教师在严格要求学生的时候，要讲求教育的艺术。首先，要严而有度，就是说，严格要有一定的限度，要掌握一定的分寸。如果严格过头就会适得其反。其次，要严中有理，就是说，教师对学生的要求应该是合理的，符合教学规律的，并且是经过学生的努力可以达到的。再次，要严而有方，就是说，教师对学生的严格要求，不是一味地命令或禁止。若采用疏导、寓教于乐等机动灵活的方式，往往会收到更好的效果。最后，要严而有恒，就是说，教师对学生提出一种要求，就要持之以恒，而不是朝令夕改或虎头蛇尾。教师要抓落实，经常检查，帮助学生形成良好的学习和行为习惯，切不可不进行监督、放任自流。

（三）教书育人

“教书育人”是对高校教师职业的最重要内容——教育教学道德关系的高度概括，反映了教师培养人才的基本使命和主要职责，是高校教师职业道德的核心。其基本内涵是指教师既要传授知识、传承文化，使学生“成才”，又要培养学生的思想品德，促进学生全面发展，使学生“成人”。“教书”与“育人”是同一过程的两个方面，教师应寓“育人”于教育教学活动之中。教书育人在道德原理层面的要求是“坚持育人为本、立德树人”。在道德原则方面的要求是“遵循教育规律，实施素质教育；注重学思结合，知行合一，因材施教，不断提高教育质量；严慈相济，教学相长；尊重学生个性，促进学生全面发展”。在道德准则方面的要求是“不拒绝学生的合理要求，不得从事影响教育教学工作的兼职工作”。

目前，高校教师存在不专心“教书”、只“教书”不“育人”、不关心学生成长的现象。这是造成高等教育质量滑坡、师生关系不和谐的主要原因。因此，落实这条规则是非常迫切的。

课堂教学是教书育人的重要途径。高校教师要做到教书育人，除了加强政治理论学习外，还应积极进行教学改革，提高课堂教学的质量。要提高课堂教学质量，必须积极进行教学改革，调整和改革课程体系、结构、内容，改变课程过分强调学科体系、脱离时代和社会发展以及学生实际的状况；更新教学内容，加强课程的综合性和实践性，重视实验课教学，培养学生的实际操作能力，大力提高教育技术手段。

把教书育人延伸到课外活动中。有人将课外活动定义为“第二课堂”或“第二渠道”。课外活动不仅是课堂教学的重要补充，还是进行思想教育的广阔天地。教师在课外活动中和学生打成一片，交心谈心，感情融洽，利于捕捉教育时机。在课外活动中，学生的行事态度、思想情感等很容易表现出来。因此，教师应抓住机会，及时开展教育，以达到教书育人的目的。课外活动对于促进学生德、智、体、美、劳全面发展有着重要的作用。教师结合教学内容开展课外活动，可以寓教于乐，寓理于情，使学生在不知不觉中接受思想教育。要增强活动的教育性，教师必须进行有计划、有目的的启发、引导。

拓展阅读

请阅读求是理论网上田建国撰写的《以学生为根本,用真爱去育人》一文。文中强调,学生是教育的中心,也是教育的目的;学生是教育的出发点,也是教育的归宿;学生是教育的基础,也是教育的根本,一切教育必须以学生为本,这是现代教育的基本价值。真正的教育是以学生为本的教育,让学生体验美好,体验崇高,体验成功,培养积极的人生态度、鲜明的价值判断、丰富的思想体系。以学生为本的本源价值,是坚持把育人放在首位。以学生为本的核心目标是为了每一个学生的终身发展。以学生为本的基本内涵是尊重学生主体。学生是权利主体、行为主体、生命主体、个性主体。文章还认为,教师尊重学生的主体地位,就要了解学生主体需要,激发学生主体创造力。以学生为本的本质,是热爱学生,一切为了学生。教师要以大爱之心,引领学生健康成长。

(四)严谨治学

2014 年 9 月 9 日,习近平同志在北京师范大学师生座谈会上强调了教师的专业素养,“扎实的知识功底、过硬的教学能力、勤勉的教学态度、科学的教学方法是老师的基本素质,其中知识是根本基础。学生往往可以原谅老师严厉刻板,但不能原谅老师学识浅薄。‘水之积也不厚,则其负大舟也无力。’知识储备不足、视野不够,教学中必然捉襟见肘,更谈不上游刃有余”。习近平引用一位国外教育家的话“为了使学生获得一点知识的亮光,教师应吸进整个光的海洋”,鼓励教师终身学习。他还借用陶行知的话“出世便是破蒙,进棺材才算毕业”,要求老师“始终处于学习状态,站在知识发展前沿,刻苦钻研、严谨笃学,不断充实、拓展、提高自己”[①]。

严谨治学,一是指教师要认真完成教学任务,以负责的态度对待教学;二是指教师要以严谨的态度把教育和教学当作一门科学来对待,提高教育教学和科研的水平。这两方面都与教师的素质紧密相连,是教师完成教书育人神圣使命的重要保证。

北京大学中文系的孟二冬教授可谓是严谨治学、一丝不苟的优秀代表。每到批改论文时,孟二冬的家里就成了图书馆,到处会铺满打开的书,供他随时查

① 习近平:《做党和人民满意的好老师》,《人民日报》2014 年 9 月 10 日。

找。他看过的学生论文，几乎每页都夹有小纸条，纸条上除了对论文框架和立意提出建议外，还有勘误。他常常比学生自己还要认真，让学生深受感动。他去日本讲学两年，刚回到家里，不顾手头的许多事情，只用了三天时间就看完了学生4万字的论文；同时，还批注了许多意见，连错别字都不放过。正是这种严谨治学的态度，使孟二冬老师达到了职业道德的最高境界，那就是把教书育人、严谨治学作为一种志向，当作一种追求。只有这样，教师才能无愧于学生、无愧于学校、无愧于社会、无愧于国家、无愧于时代、无愧于人民。

（五）服务社会

高校教师要勇担社会责任，为国家富强、民族振兴和人类进步服务。高校教师要传播优秀文化，普及科学知识，热心公益，服务大众，主动参与社会实践，积极提供专业服务。

高校教师要发挥服务社会的职能，可以依托教师岗位开展以下工作：第一，开展技术研发，开展科技成果转化，联合开展科技攻关，组建产学研联盟或工程（技术）研究中心，帮助企业提高技术研发能力和经营管理水平，为企业培养技术和管理人才，为基层提供教育、法律、会计、医疗等培训或服务，完成社会决策咨询等多形式、全方位合作；第二，服务于企业研发中心，译介国外的相关技术资料，以便让企业掌握最新资料，把握市场及产品动向，了解国外市场动向，开拓国际市场，提高企业效益；第三，以企业的社会决策咨询需求为导向，签订合作协议，充分发挥专业优势，利用场地实验设备和人才资源，催生企业的创新能力，在人才培训与交流、促进科技成果转化等方面进行合作，扩大企业知名度和美誉度。

2016年11月，中共中央办公厅、国务院办公厅印发了《关于实行以增加知识价值为导向分配政策的若干意见》（以下简称《意见》），《意见》中明确指出，允许科研人员和教师依法依规适度兼职兼薪，允许高校教师从事多点教学并获得合法收入。高校教师经所在单位批准，可开展多点教学并获得报酬。该《意见》的颁布和实施，为高校教师积极开展社会服务提供了政策保障。需要强调的是，高校教师在开展社会服务时，必须要认真处理好教学、科研和服务社会三者之间的关系，要做到以教学为依托、以科研为载体、以服务社会为升华的全方位多维视角的职能发挥，真正实现持续、健康、和谐发展。①

（六）为人师表

高校教师要学为人师，行为世范，淡泊名利，志存高远。树立优良教风，以高尚师德、人格魅力和学识风范教育感染学生。遵守社会公德，维护社会正义，

① 参见田俊雷、文中晴：《基于多维视角的高校教师服务社会职能》，《学理论》2012年第10期。

引领社会风尚。言行雅正，举止文明，自尊自律，清廉从教，以身作则，自觉抵制有损教师职业声誉的行为。

2018 年 5 月 2 日，习近平在北京大学师生座谈会上指出："师者，人之模范也。"在学生眼里，老师是"吐辞为经，举足为法"，一言一行都给学生极大影响。教师的思想政治状况具有很强的示范性。要坚持教育者先受教育，让教师更好地担当起学生健康成长引路人的责任。①

为人师表、以身立教是教师道德的显著特征和重要规范。人民教师只有衣着整洁大方，举止端庄，语言文明，礼貌待人，作风正派，以身作则，率先垂范，才能给学生树立起效法的楷模，使之"亲其师"而"信其道"，从而提高教育的有效性。

高校教师为人师表、以身立教的道德要求是教育过程的客观需要，但从内容来看，具有鲜明的时代性、阶级性。在这里所讨论的"为人师表、以身立教"就意味着教师要按照社会主义精神文明建设的要求，从外表、言行、作风三个方面去努力塑造自己的形象。

首先，注重衣着仪表。衣着仪表是社会个体具有审美价值的外表或外观，它反映教师个体形象的外部特征，从中可以透视教师的内在气质。善于修饰"润色"自己的外表，具有高尚文明的仪表风度，是教师职业的特殊需要，有着十分重要的作用。

其次，讲究文明礼貌。文明礼貌是一个人内在素质和修养的外在表现。教师文明礼貌是指教师在教育工作及社会活动中体现出来的具有审美价值的外在表现，是教师待人接物时通过言谈、行为、姿态和表情所表现出来的美感。合格的教师必须讲究文明礼貌。

最后，教师要谦逊谨慎，作风正派。教师作风是教师思想水平、工作态度、生活方式以及文化素养的综合反映，是教师知情意行在教育教学活动中的概括性表现。它体现了教育者的世界观、内在素质和精神风貌。教师有了优良作风，就能给学生展示良好的教育者形象，更好地起到以身立教的作用；就可以对学风、校风产生积极的影响，优化教育载体。作为一个人民教师，必须十分重视形象的塑造，作风正派，充分发挥人格魅力。

---

① 参见习近平：《在北京大学师生座谈会上的讲话》，《光明日报》2018 年 5 月 3 日。

思考与练习

一、简答题

1.什么是高校教师的义务？

2.什么是高校教师的良心？它是怎样养成的？

3.有人说，爱国主义是“空洞的口号”或“正确的废话”，尤其对教师来说意义不大，教师只要把书教好就行了。你对这种观点是什么看法？

二、材料分析题

南京大学梁莹学术不端事件

前段时间，媒体曝光了梁莹的多篇论文涉嫌抄袭、一稿多投以及她在教学中态度不端而被南京大学本科生举报的事件。

梁莹在南京大学任博士生导师、教授，是青年长江学者，可谓是学术界的“牛人”、高学历的知识分子。其学术造假一事曝光之后，对南京大学的影响非常大，很多人开始质疑南京大学老师的学术水平是否过关，南京大学的学术审查力度是否合格。很多人对南京大学的学术质量也提出了质疑。不仅如此，大家还对青年长江学者的学术能力提出了一系列的质疑。

2018 年 12 月 13 日上午，南京大学针对梁莹学术造假、科研造假等情况，给予其七大处分：

第一，行政记过处分。

第二，党内严重警告处分。

第三，取消梁莹的研究生指导教师资格。

第四，强制梁莹退出“长江学者奖励计划”和青年学者项目，并上报教育部。

第五，建议撤消梁莹的“青年拔尖人才”称号，并上报中组部。

第六，调离教学科研岗位。

第七，建议撤销梁莹的教师资格(上报教育厅)。

结合这一事件，请你谈谈高校教师该如何加强师德修养。

第四章　高校教师职业道德的内化

学习目标

1.深刻理解高等学校教师职业道德内化的意义。
2.了解高等学校教师职业道德内化的具体过程。
3.掌握高等学校教师职业道德内化的条件。

案　例

荣获“时代楷模”“全国优秀教师”等荣誉的曲建武教授，37 年来，无论是在高校辅导员岗位，还是担任地方教育行政部门领导职务，始终情系高校思想政治工作，不忘初心、牢记使命，在大学生思想政治教育方面做出突出业绩。无论在什么岗位，曲建武始终心系学生。1982 年，他从辽宁师范大学毕业，留校任辅导员。他投入满腔热情，与学生们同吃同住，倾心交流，得到大家的信赖与欢迎。因工作出色，他又先后担任校党委副书记、省委高校工委副书记，后兼任省教育厅副厅长。在校工作期间，他率先提出“新老生同寝室”管理办法，得到普遍认可。他经常深入各大学食堂、教室、图书馆、宿舍与学生谈心，为他们解决困难。在他的建议和推动下，针对孤儿大学生学费和住宿费减免政策得以落实。

出于对学生工作的热爱，55 岁的曲建武于 2013 年重返高校。他担任了大连海事大学公共管理与人文艺术学院辅导员，并承担本科生思想道德修养与法律基础课教学任务。他为刚接手的学生建立电子档案，对每名学生情况都了如指掌；坚持以思想政治教育为基础，引导学生树立正确的价值观，更好更地快成长成才。课堂上，及时评析社会热点，将生活与教材有机结合。课堂外，通过微信公众号、博客与学生互动，及时掌握学生思想动态和诉求，解决学生思想困惑。

曲建武爱校如家，爱生如子，悉心呵护学生成长。他推动开展了辽宁省"千名辅导员万家行"活动，探索创建了全国辅导员博士培养基地和"八个百"工作模式。2019 年，他捐出全国"教学名师"奖金和书稿费，成立励志基金，帮助贫困大学生、少数民族学生、孤儿大学生以及遇到困难的思政课教师和辅导员。

高等学校教师职业道德规范提出的是教师在职业活动中应该遵守的道德要求，教师仅仅在理性上理解和掌握这些道德要求是不够的，因为道德认识和道德行为并不是等同的。掌握道德规范并不等于能够把道德规范付诸实施、身体力行。要使这些道德规范变为教师的道德品质和行为，还离不开内化过程。为此，本章将对道德内化问题进行概括阐述。

第一节　高校教师职业道德内化的意义

高校教师职业道德内化是教师职业道德由他律走向自律的需要，是教师道德人格完善的需要，是实现教师现代化的需要。

一、高校教师职业道德内化是教师职业道德由他律走向自律的需要

道德他律是指在道德上依赖外在的力量约束个体履行道德规范、做出的道德行为是非自觉的或被迫的；道德自律是指个体在道德上进行自我约束，自觉践行道德规范的要求。这是两种完全不同的道德境界和道德状态。道德教育的目的就是使个体的道德由他律达到自律，把外在的道德规定变为自觉的道德行为。[①] 教师的职业道德特点尤其需要教师的自律道德行为。教师这种职业是培养人的职业，这种职业劳动虽然有统一的教育信念和教育价值目标，需要集体合作，但劳动的方式基本属于个体劳动。在整个教育教学过程中，教师自己备课、自己写教案、自己批作业、自己讲课、自己辅导，其态度、方法的选择总是

① 参见张宁娟：《师德规范：应行走在他律与自律之间》，《中国教师》2007 年第 2 期。

自主的，是一个自我控制系统，由教师自己的职业道德修养水平和良心来调节。因此，道德修养中的“慎独”境界，对教师来说就显得非常必要和可贵。如果教师能够在无人在场、无人过问、无人监督、无人评价的情况下，仍然自觉按照职业道德的要求严格约束自己、检查自己，就意味着教师的道德修养达到了“慎独”境界，达到了自律的程度。由此可见，教师职业的特点决定了其道德自律的重要性，教师职业道德的内化就是由他律向自律转化的过程。只有完成了这一内化过程，教师的职业道德才能成为教师个体道德。

二、高校教师职业道德内化是教师道德人格完善的需要

人格是人与其他动物相区别的内在规定性，是人的尊严、价值和品质的总和。道德人格是个体人格的道德性规定，是个人的脾气习性与后天道德实践行动所形成的道德品质和情操的统一。道德人格有高尚、良好、平庸、卑劣高低不同的层次。

教师作为人类灵魂的工程师，应该具有高尚、良好的道德人格。这是培养学生良好道德人格的必要前提条件之一。教育实践表明，教师的人格对学生影响深远。一个人格卑劣的教师很难培养出人格高尚的学生。只有教师人格高尚，才能影响学生并助其形成高尚人格。教师的世界观、人生观、价值观乃至一言一行都会在学生心灵中留下深刻的印象，起着潜移默化的作用。正如加里宁所说：“教育者影响受教育者的不仅是所教的某些知识，而且，还有他的行为、生活方式以及对日常生活的态度。”[①]教师不仅用自己的学识教人，而且要用自己的品格影响学生；不仅要用语言去传授知识，而且还要用自己的灵魂去感化学生和塑造学生的心灵。因此，教师必须认识到自己人格在教育学生中的作用。

道德内化是教师造就自己高尚人格的必要途径。有的教师在工作实践中能够遵守职业纪律，按时完成自己的本职任务，但动机只是为了避免领导批评，或者为了获得奖金。这样的教师不会具有持久的工作动力，一旦没有外在的约束和激励，就可能放弃努力。因为他的职业道德还是他律的道德，他对道德规范的遵守是靠外在条件的约束，而不是自觉自愿的行为。因此，要使教师的职业道德由他律转向自律，形成高尚的道德人格，就必须把教师职业道德内化为教师的自我认同、自我需要。

---

① [俄]米哈伊尔·伊万诺维奇·加里宁：《论共产主义教育和教学》，陈昌浩、沈颖译，人民教育出版社1957年版，第44页。

三、高校教师职业道德内化是实现教师现代化的需要

教育面向现代化是时代发展的必然要求。教育面向现代化，必然地要求教师实现现代化。教师是教育现代化的主体，没有教师的现代化，教育的现代化就无从谈起。教师的现代化是指教师的心理素质、精神面貌以及行为特征具备现代社会和教育发展所要求的品质。在职业道德方面，就是指教师具有与现代文明和教育相应的道德思想观念和价值取向。

改革开放以来，我国社会的政治、经济、文化等方面都发生了巨大变化，特别是青年一代的思想观念，更是与时俱进。他们注重现实，视野开阔，思想活跃，追求新异，不拘一格，价值取向多元。在这种情况下，教师如果不更新观念、积极参与现代社会实践、塑造适合现代化教育的人格，就很难完成教书育人的任务。因此，高校教师要实现现代化，成为合格教育工作者，就要通过内化的途径，将教师职业所应有的心理素质、思想观念、行为方式和价值标准转化为自身的品质。

拓展阅读

请阅读罗玲兰发表在《南昌职业技术师范学院学报》的题为《浅议强化师范院校教师职业道德建设》一文。文章中指出，要想提高教育质量，必须进一步加强教师职业道德建设。第一，加强教师职业道德建设，有利于提高教师素质。社会对人才质量规格的要求在不断提高，这需要教师在教育实践中不断进取，勤奋学习，刻苦钻研，勇于创新，精益求精。第二，加强教师职业道德建设，有利于提高教师的责任感。当教师职业道德规范和原则内化为教师个体品质后便成为一种内在力，促使教师自觉地以满腔热忱投入到教育工作中，用辛勤的劳动培养社会所需要的人才，全面履行自己的职责。第三，加强教师职业道德建设，有利于推动社会精神文明建设。文章最后指出，随着经济的高速发展和物质生活水平的不断提高，广大群众开始以前所未有的热情关注教育、重视教育，对教育提出了更高的目标、更严的要求，这无疑有利于教育的蓬勃发展。因此，必须强化教师职业道德建设，推动社会精神文明建设。

第二节 高校教师职业道德内化的过程

高校教师职业道德内化的过程，就是要提高高校教师的职业道德认识，培养高校教师的职业道德情感，坚定高校教师职业道德信念，锤炼高校教师职业道德意志，养成高校教师职业道德行为习惯。[①]

一、提高高校教师的职业道德认识

教师职业道德认识是指教师对教育劳动中客观存在的道德关系以及处理这些关系的原则、规范的认识。它包括职业道德观念的形成、职业道德知识和概念的掌握、职业道德判断能力的提高和职业道德信念的形成等。

高校教师职业道德内化的过程，一是提高道德认识。它要求高校教师掌握职业道德的基本知识，领会职业道德的基本要求，从理论上明确是非、善恶、美丑的区别。职业道德认识过程和一般认识过程一样，也要经历从感性认识到理性认识，再从理性认识到实践两个阶段。也就是说，高校教师在职业道德感性经验的基础上学习、理解职业道德概念，然后在职业道德实践中进一步把握道德关系和道德行为的本质，理解职业道德原则和规范，以指导自己的职业活动或者分析社会道德现象。

二是培养道德评价能力。所谓道德评价就是运用已经掌握的道德标准对自己和他人的行为进行道德分析和判断。道德评价是道德认识的具体化过程。通过道德评价，人们可以明辨是非，区分善恶，分清美丑，加深对道德理论的认识，形成正确的道德信念。

提高道德认识是道德内化的必要前提。道德行为习惯只有在道德认识的基础上产生，才具有稳定性和成熟性。因此，道德认识的提高是职业道德内化的一个必要过程。

二、培养高校教师的职业道德情感

职业道德情感是指教师在教育教学活动中，对于他人和自己的行为举止是否符合职业道德要求所产生的内心体验。教师的职业道德情感是一个多层次、多方面的品德因素。它具体表现为三个方面：其一，表现在热爱教育事业和学生方面。对教育事业和学生的爱是教师道德情感的核心。许多教师之所以几十年如一日，辛勤耕耘在教育事业这块土地上，呕心沥血地培养学生，就是源于

---

① 参见杨帆：《高校教师职业道德内化探析》，《吉林省教育学院学报》2014 年第 1 期。

他们对教育事业的一片痴心，对学生的满腔热爱。如果教师对教育事业和学生没有这份痴心热爱，就不可能产生崇高的职业道德情感。其二，表现在教师的自尊心、责任感、荣誉感等方面。自尊心是由自我评价所引起的自尊、自重、自爱的情绪体验，是教师希望自身的角色价值得到社会认可和承认的需要，是促使教师承担道德责任、完善自我人格的巨大动力。责任感是教师对社会、他人应承担的义务和应尽的职责的内心体验。责任感是一种高尚的职业情感，教师具有了这种情感，就会对事业负责，对学生负责，就可以在没有外在监督的情况下自觉地努力工作。荣誉感是教师在履行自身职责、为社会作出贡献后因获得肯定性评价而产生的愉快的精神体验。荣誉感对激励教师开拓进取、奋发工作具有巨大作用。其三，表现在对他人的尊重、友谊和热情方面。在教师的职业活动过程中，教师与教师之间、教师与学生家长之间、教师与社会之间总是存在着各种各样的关系，这些关系并不仅仅是工作关系，而且也包含很多情感关系。对他人的尊重、友谊和热情都是情感关系的表现，这是教师职业道德情感的一个重要方面。

教师的职业道德情感是在对职业道德规范认识的基础上产生的。对职业道德规范认识得越深刻，职业道德情感就越强烈。当然，教师的职业道德情感也是与其职业活动紧密联系在一起的，它是教师在长期的职业生涯中逐步形成的。这种职业情感形成之后，便成为教师忠诚于人民的教育事业、勤奋工作的强大动力，促使教师甘愿为培养人才奉献自己的毕生力量，鞠躬尽瘁，死而后已。因此，注重培养高校教师的职业道德情感是教师职业道德内化的一个极为重要的环节。

三、坚定高校教师职业道德信念

道德信念是人们对于某种人生观、道德理想和行为准则的正确性和正义性的深刻而有根据的笃信，以及由此产生的对某种道德义务的强烈责任感。它是深刻的道德认识和炽热的道德情感的有机统一，具有稳定性、持久性和一贯性。[①]

在道德内化过程中，道德信念处于核心和主导地位。因为道德信念决定着人们行为的方向性和目的性，影响着人们品德修养的质量和道德要求内化的程度。坚定的道德信念是人们的精神支柱，它不仅能够使人们根据自己认同的道德要求去评价他人行为和自己行为的是非善恶、好坏对错，而且能够坚定不移地按照自己所信仰的道德要求去自觉履行道德义务，完成道德使命。因此，要

---

① 参见李春秋：《高等学校教师职业道德修养》，北京师范大学出版社2000年版，第60页。

使高校教师的职业道德内化为教师个人的道德品质，就要使高校教师深刻认识到自己所从事职业的高尚和重要，意识到自己担负着祖国和民族的未来，从而树立为教育事业献身的坚定道德信念。

四、锤炼高校教师职业道德意志

教师的职业道德意志是教师在履行道德义务的过程中自觉克服困难、排除障碍并作出行为抉择的毅力和坚持精神。教师的职业道德意志是其道德行为持续进行的内驱力，是战胜各种艰难困苦的坚强精神力量。它具体表现在以下四个方面：

(1)自觉性。意志的自觉性是指对行为目的具有明确而深刻的认识，并使个人的行为完全符合正确目的的意志品质。这种自觉性能够使高校教师树立坚定的职业道德信念，积极投身于教育事业，自觉地为教书育人努力工作。

(2)坚持性。意志的坚持性是指在行动中坚持目标、百折不挠地克服困难的品质。高校教师在教育教学过程中，常常会遇到很多困难和干扰，如自然环境的恶劣、教学工具的奇缺、经济上的困境和生理上的疾病等，但教师的职业道德要求高校教师必须以顽强的意志粉碎障碍、排除干扰、克服困难，直到实现最终目标。

(3)果断性。果断性是指适时决断的意志品质。它是教师行为的目的性、自觉性和顽强性的综合表现。教育活动的特点要求高校教师具备根据具体情况适时决断的能力。如果缺乏果断性，在面临选择或突发事件时不能当机立断，就会给教育事业造成损失。

(4)自制力。自制力是指善于掌握和支配自己言行的意志品质。作为以学生为工作对象的高校教师，善于控制自己的言行，说话办事符合自己的教师角色，这些都是非常必要的。当学生出现错误或者和自己发生矛盾时，教师必须冷静面对，不能因情绪失控而导致不良后果。另外，高校教师的自制力还表现在面对成功或失败时，既不得意忘形，也不悲观失望，而是泰然处之。这是一位合格教师应该具备的良好品质。

教师职业意志是在职业道德认识和职业道德情感的基础上形成和发展起来的，是职业道德信念的体现。它能够控制职业道德行为的方向和方式，并促使教师最终实现和完成职业道德行为。因此，它对高校教师进行教育教学工作有着重要的调节作用，是教师职业道德内化、形成教师职业道德品质的关键性环节。

五、养成高校教师职业道德行为习惯

教师的职业道德行为是指教师在职业道德认识、情感、信念和意志的作用下，在教育活动中对他人、集体、社会采取的可以观察到的客观反应及所采取的实际行动。教师的职业道德行为是其个体道德意识的具体表现和外部标志。

高校教师职业道德内化就是把社会道德意识转化为每个教师的个体道德意识，并且通过个体的道德行为表现出来。一个教师是否具有道德品质，不在于他的道德认识有多高，也不在于他的道德情感体验有多深，而在于他的行为是否符合职业道德规范的要求。只有在教育活动中，始终按照教师的职业道德规范要求去做，时时处处都表现出良好的教师风范和形象，经过长期的锤炼，形成良好的行为习惯，才算真正具备了教师的道德品质。因此，高校教师职业道德内化最终的归宿和落脚点是形成教师良好的道德行为习惯。道德品质必须是在道德意识的基础上，通过外在行为表现出来。为此，高校教师在提高道德认识、增加道德情感体验、坚定道德信念的同时，要努力在实践中贯彻道德原则和规范，把教师职业道德规范付诸行动，并且长期坚持下去，使其成为自己的行为习惯，最终达到内化教师职业道德要求的目的。

在高校教师职业道德要求内化的过程中，教师职业道德认识、情感、信念、意志、行为等基本要素并非孤立地存在和发展，而是相互联系、相互渗透、相互促进，构成整体性发展。例如，教师职业道德的情感、信念、意志、行为是在一定职业道德认识的支配下形成的，缺乏正确认识的情感，就只能是没有理智的感情冲动；没有教师职业道德认识，就不可能形成教师职业道德信念，不能产生坚强的职业道德意志；没有正确道德认识支配的行动，只是盲目的行动。同样，只有道德认识、没有道德行为的人，也不能视为有道德的人。而通过教师职业道德行为，又能提高教师职业道德认识、增强职业道德情感、坚定职业道德信念、锻炼职业道德意志。要实现由知到行的转化，离不开相应的教师职业道德情感、信念；要使行为成为习惯，又离不开教师职业道德意志。

拓展阅读

请阅读2017年第5期《黑河学刊》中王孝红撰写的《高校教师职业道德内化探析》一文。文章指出，教师的言行应该是精雕细刻的，经得起研磨推敲；教师的形象，必须是近乎完美的或者说是追求完美的。社会对教师的要求是很高的，要求教师做到“政治坚定、思想过硬、知识渊博、品格高尚、精于教书、勤于育人”。文章还认为，师德的形成不是一蹴而就的，而是有一个不断发展提高的过程，而“内化”即为其中关键的一个步骤。内化过程就是心理内部矛盾运动过程，就是排除心理障碍，把外在要求转化为自身的、内在的需要。要完成这一过程，作者认为应具备两个条件：一是认真学习理论，深化认识。认识师德的示范作用，认识师德的标准。二是积极付诸实践，锻炼意志。职业道德意志力是内化的重要保证，在实践中要积极克服不良习惯的惰性心理障碍、心情不佳的情绪心理障碍、不求上进的个性心理障碍，自觉抵制各种不正确的思想和错误的道德行为。作者在文章最后强调，当你以当教师为荣，以当教师为乐，以教师的标准来要求自己，以高尚的情操得到学生的尊敬、社会的肯定时，那么，有谁还能比你更幸福呢？

第三节　高校教师职业道德内化的条件

高校教师职业道德内化过程的实现需要依赖一定的条件。这些条件包括社会道德教育、教师个人道德修养、教师道德评价。

一、社会道德教育

社会道德教育是为了使教师履行职业道德规范而对教师施加的有组织、有计划的系统道德影响。这是高校教师职业道德内化得以实现的重要条件。实践表明，教师的道德意识和道德行为是不能自然生成的。要想把职业道德规范转化为教师个体特殊的道德需要，进而形成道德信念和要求，养成道德行为习惯，就要对教师进行社会道德教育。

高校教师的社会道德教育主要通过职业道德教育来进行。高校教师的社会生活主要包括职业生活、社会公共生活和家庭生活。这三种生活虽然都是对教师进行社会道德教育的途径，但是，相比较而言，职业生活途径更为重要。职业道德教育作为社会一般道德教育的规范化、具体化，体现了教师职业生活的特点，而人的社会活动也主要通过职业生活来体现。因此，对高校教师进行社会道德教育，使教师把社会道德内化为自己的道德理想和道德信念，主要是依靠职业道德教育来完成的。

由于高校教师本身就是社会道德的教育者，所以，对高校教师进行道德教育不能完全按照其他职业道德教育的模式操作，而应该采取灵活多样、贴近实际的形式。如通过报告、讲演、研讨等形式系统学习道德理论，提高高校教师的道德认识，树立道德信念，增进道德情感；通过对教育活动中的各种问题进行剖析和价值澄清，使高校教师提高道德选择和判断能力；通过对高校教师良好行为的激励和强化，使教师坚定道德信念，增强道德意志；通过加强学校的管理工作和对教师的严格要求，使高校教师养成良好的道德行为习惯；等等。在对高校教师进行道德教育时，还要看到教师知识层次比较高，批判能力比较强，切忌道德说教，讲大道理、空理论，距离现实太远。

二、教师个人道德修养

能否把教师职业道德要求内化为教师的个人道德品质，根本上取决于教师的个人道德修养。因为社会道德教育只是一种外在力量，这种外在力量是否对教师个体发生影响作用，主要还在于教师本人的修养程度，在于教师主观能动性的发挥。因此，在高校教师职业道德要求内化过程中，必须看到教师自我道德修养的重要性。教师道德修养是教师道德要求由“他律”向“自律”升华的关键，是教师职业道德要求内化的必要条件。发生伦理学表明，教师个体道德的形成不可避免地要首先经历一个相当漫长的以义务为特征的“他律”道德时期。但是，教师个体道德不应只停留在“他律”的阶段，更重要的应该是“自律”。教师道德由“他律”向“自律”阶段的升华，关键就在于教师自己的道德修养。这就是说，社会道德教育固然非常重要，但教师道德修养尤其不能忽视。道德教育是教师道德要求内化的外部条件，教师加强自我修养的自觉性才是内部的根据，而且这种自我修养的自觉性，在教师道德要求内化过程中起着决定性的作用。没有高度的自我修养的自觉性，外部条件再好也是没有意义的。

教师的道德修养是指教师自觉地按照教师道德要求所进行的自我锻炼、自我改造和自我提高等活动，以及经过努力所达到的教师道德境界。教师道德修养的目的就是把作为理论形态的外在道德要求转化为个人内在的道德认识、情感、信念和意志，使之成为教师进行道德判断和选择的依据，以适应教师职业的需要。

教师职业道德修养生成的根本途径是理论和实际相结合。一方面，高校教师要积极参与社会实践和教育实践，在实践中积累丰富的道德经验，汲取道德智慧，磨练道德意志；另一方面，还要认真学习道德理论，用道德理论指导自己的道德行为，以提高实践的自觉性，避免盲目性。

为达到加强道德修养的目的，高校教师还要注意修养方法的科学性，根据自己的实际情况，采取有效方法来提高道德修养。在道德修养方法中，最主要的就是“慎独”。“慎独”一词出自《礼记·中庸》：“道者也，不可须臾离也；可离，非道也。是故君子戒慎乎其所不睹，恐惧乎其所不闻。莫见乎隐，莫显乎微，故君子慎其独也。”意思是指道德原则是时刻不能离开的，要经常检查自己的言行。警惕是否有什么不妥的言行而自己没有听到或看到，害怕别人对自己有什么意见而自己没有听到。一个有道德的人在独自一人、无人监督时总是小心谨慎地不做任何不道德的事，这是一种最高尚的道德境界。只有道德认识明确、道德情感强烈、道德信念坚定、道德意志坚强且能不断提高修养的人，才能做得到。这是对教师职业道德要求最具有道德意义的内化。因此，在提高道德修养的过程中，每一个高校教师都要努力约束自己，力争达到“慎独”的道德境界。

另一种加强道德修养的方法是“战胜自我”。就是以坚强的毅力、顽强的意志抵挡各种诱惑，克服自身缺点，改正不良习惯等。要做到“战胜自我”，实际上比“认识自我”更艰难，需要个体具有更大的决心和毅力。

此外，不断开展自我批评，严于解剖自己，进行自我教育、自我改造、自我监督，也是教师道德修养的重要方法。

三、教师道德评价

道德评价是指人们在社会生活中，根据一定社会或阶级的道德原则和规范体系，对自己或他人的行为所作的善恶褒贬的道德判断。教师道德评价则是人们（包括教师自己）根据一定社会或阶级关于教师的道德标准，对教师的教育行为所作出的善恶褒贬的判断。

道德评价对教师职业道德要求的内化具有重要作用。如果一个高校教师能够自觉运用道德评价的手段去审视自己和他人行为的优劣，就表明他对道德要求有比较深刻的认识和理解，同时也意味着职业道德要求已经在他的意识中得到了一定的内化。因此，教师道德评价是把教师职业道德规范内化为教师道德信念、形成教师道德行为的重要环节，是促使高校教师不断提高道德认识、加强道德修养、为学生树立学习楷模的重要途径。

进行教师道德评价，必须明确道德评价的标准和方式。所谓道德评价的标准，就是衡量人们行为善恶性质的尺度。这个尺度，一是国家、集体和个人三者利益的结合，这是职业道德评价的最基本的标准；二是教师职业道德的原则和规范，这是职业道德评价的具体标准。其中更为重要的是前者，因为具体标准会随着社会、时代的变化而发生改变。因此，在评价教师道德时，首先要依据基本标准作出判断。只要符合基本道德标准，就是善的行为，就值得肯定和褒扬。

教师道德评价的方式有自我评价和社会评价两种。自我评价是高校教师对自身教育行为的道德反思，是个人对自己行为善恶的一种判断。这种反思和判断是以良心为评价标准的。当自己的行为与良心相吻合时，就会感到满足和欣慰；反之，就会受到良心的谴责，就会感到内疚和不安。社会评价则是社会有机体对教师教育行为善恶性质的判断，其典型形式是社会舆论和传统习惯。社会舆论即社会公众对某些事情的议论和态度，它通常以反映民众心理倾向为己任，对于符合社会道德要求的行为予以赞同，对于不符合社会道德要求的行为予以谴责，因而是道德评价的一种重要形式。传统习惯是一定社会、民族在长期共同生活中形成的、习以为常的行为习惯和道德心理积淀，它对人们的行为具有非常稳定的约束作用，甚至能左右人们的态度。因而对人们的道德评价也具有重要影响。

由于社会中人们的立场不同、看法不一、认识各异，所以不存在统一的道德评价。这就要求高校教师不断地提高道德认识水平，确立坚定的道德信念，以便保持清醒的头脑去正确看待社会上的各种道德评价，择善而从。

拓展阅读

请阅读张迪撰写的《高校教师职业道德内化促成机制探究》(《学校党建与思想教育》2016 年第 12 期)一文。文章指出，高校教师职业道德的内化促成机制可从以下四个方面进行：一要加强高校教师职业道德教育机制建设。高校管理层要制定一整套完善的多层次、多渠道、日常化的教师职业道德教育机制。二要建立高校教师成长发展机制。高校管理层要改变资金投入的价值取向，回归到人本思想上来。高校要建立完善职工福利津贴制度、效益奖励制度、住房保障制度、晋级晋职制度，想方设法改善教师收入，为专业教师营造“学术自由”的氛围，鼓励他们大胆创新，使教师获得“身心自由”。三要建立有效的教师职业道德评价机制。职业道德评价要科学、合理、有效，建立完善的评价体系，使社会评价(学校评价、学生评价)和自我评价相一致、定量评价和定性评价相统一。四要建立教师职业道德的监督机制。对师德不良，违反职业道德行为给予相应的处罚，严重者采取特别措施，违纪者坚决不放过，师德败坏、违法乱纪、贪赃枉法者坚决清除出教师队伍。

思考与练习

一、简答题

1.高校教师道德内化有何意义？

2.高校教师道德内化过程包括哪些方面？

3.高校教师道德内化需要哪些条件?

二、材料分析题

鲁法明是山东科技大学计算机科学与工程学院的一名教师,任教 18 年来,他在三尺讲台挥洒知识和热情,在科研领域执着前行,取得了累累硕果。他承担了国家自然科学基金、教育部产学合作协同育人项目等课题,获全国煤炭行业教学成果二等奖、山东省研究生教育教学成果一等奖、省科技进步二等奖等局级以上奖励,并指导学生在科技竞赛中屡次斩获全国一等奖。

面对取得的成绩,鲁法明淡然处之,他说自己只不过是履行一名高校教师的职责,自己取得的成绩跟老一辈教育工作者相比还差得很远,是学院前辈专家学者用他们的执着和坚持为后辈们搭建起了更好的发展平台,自己愿做这种精神的传承者,尽自己所能更好地回馈学校、回馈社会。

师者有大爱,鲁法明不仅关爱自己的学生,还多次在校外普及计算机知识。在新冠疫情影响下,农村留守儿童的宅家生活单调乏味。为此,鲁法明奔赴黄岛区黄泥巷村,为那里的孩子举办“计算机知识科普讲座”,带孩子们畅游奇妙的计算机世界,为他们驱散疫情的阴霾。

结合这一案例,请你谈谈高校教师如何实现道德内化。

第五章　高校教师职业道德行为选择的要求

学习目标

1. 了解高校教师职业道德行为选择的特点。
2. 掌握高校教师职业道德行为选择的实现过程。
3. 明确高校教师职业道德禁行行为。

案　例

张筑生，北京大学数学教授，2002 年 2 月因病去世。他具有很高的学术天分和创造才能，却甘于从事最基础的教学和教材编写工作；他得了严重的鼻咽癌，却以惊人的毅力战胜自我，带领中国数学奥林匹克竞赛选手在比赛中连拿五届总分第一。张筑生生前没留下什么豪言壮语，但他一生钟爱教育事业，心里只有工作和学生。他不懂得争成果、争头衔，到去世都没评上博导。然而，熟悉他的人授予了他最高、最响亮的头衔——"真正的教授"。

1995 年，张筑生受命担任中国数学奥林匹克国家队主教练，一干就是五年。这是一份无法"出学术成果"的苦差，甚至无法计入"教学工作量"。院里每年核算教学工作量，张筑生都要比规定差一点；虽然每次都由领导"特别照顾"，顺利过关，但对张筑生来说还是有点委屈。作为一名在数学研究领域天分很高、同行服膺、学生敬佩的高水平教授，张筑生默默地编写“不算科研成果”的基础教材，担任“不计工作量”的中国数学奥林匹克国家队主教练，为海淀区教师开设的“数学教师研讨班”授课，前几年分文不取，后来才拿点授课费。张筑生是不折不扣的教学型教授，而伴随他在这条路上走下去的，是奉献，是辛劳，是不计名利，是对事业的无限热爱和执着追求。

2003 年 2 月 17 日，《光明日报》在头版头条的显著位置以《张筑生，了不起的教授》为题报道了张筑生同志的先进事迹。报道迅速在社会上引起了强烈反响，张筑生被誉为“校园里的焦裕禄”“知识界的一面镜子”。3 月初，北京大学党委决定在全校教职工，特别是教师中开展学习张筑生同志先进事迹的活动，学习他情倾学生、忘记自我、诲人不倦的教书育人精神，学习他淡泊名利、不求索取、甘为人梯的奉献精神，学习他信念坚定、坚韧不拔、孜孜以求的奋斗精神，学习他耐得住寂寞、踏踏实实的治学精神，为实现学校的发展目标而努力奋斗。

道德不同于其他社会意识现象，道德的一切行为都以选择为前提。从某种意义上说，没有选择就没有道德活动。道德行为的选择，以行为主体的价值观为指导，培养人的择善去恶的能力，确定人生的高尚目标，从而干预生活、影响社会及完善社会关系。2016 年 9 月 9 日，习近平到八一学校看望并慰问师生，发表重要讲话，强调教师做的是传播知识、传播思想、传播真理的工作，是塑造灵魂、塑造生命、塑造人的工作。2016 年 12 月，习近平在全国高校思想政治工作会议上强调，教师不能只做传授书本知识的教书匠，而要成为塑造学生品格、品行、品味的“大先生”。因此，高校教师只有作出正确的职业道德行为选择，才能使自己具备适合自己职业的高尚道德品质，充分发挥其在教育教学过程中的作用。

第一节　高校教师职业道德行为选择的特点

高校教师职业道德行为的选择是教师职业道德实践活动的重要内容。教师职业道德行为的正确选择，是因材施教、取得良好的教学效果和培养中国特色社会主义合格人才的基本前提，是用道德手段调节教育过程中的人际关系、维护教育教学活动正常进行的必要条件，是使教育教学行为符合社会需要并得以顺利实施的重要保证。

一、高校教师职业道德行为选择的含义

高校教师职业道德行为选择是指高校教师在教书育人的职业活动中,如何根据高校教师职业道德的基本原则和规范来把握和选择自身的职业行为的实践活动。高校教师职业行为的道德选择是高校教师职业行为发生之前的思维过程,是高校教师在职业道德意识的支配下,在不同的道德价值之间进行取舍的一种特殊的道德活动。

"选择"的字面含义是"挑选",意指在两个或两个以上的对象之间作出取舍。选择活动是从人类自我意识产生之时开始的,在人类社会的早期,由于人类在自然必然性面前始终处于受支配的地位,选择受到极大的限制,还没有形成自觉的选择意识。随着人类劳动分工的细化,人与人之间由于社会交往的日渐频繁而确立了多种多样的关系,也形成了多种多样的要求,不仅有了选择的可能,而且选择的范围也在逐渐扩展。到了近代,资本主义生产方式更加拓展了人的活动范围和视野,商品经济滋生了人的价值意识和选择愿望,于是选择受到了更加广泛的重视。达尔文进化论把选择应用于人的历史,认为人是进化的产物,是适者生存、劣者淘汰的结果,这就是著名的"自然选择说"。进化论虽然高扬了选择,但这种选择忽视了人作为进化主体所具有的能动性,过分强调自然支配,以致有的学者把自然规律直接应用于社会,提出了社会达尔文主义。康德最终将自然规律与社会规律分开,把前者归于必然,而把后者归于选择。康德认为,认识和道德是两个截然不同的领域,道德高于认识。道德的对象是自由的规律,是人的实践精神的自我立法和自我选择。只有出于人的善良意志的行为和经过人自由选择的东西,才是道德的。

从自然必然性过渡到人的自由选择,是人类精神的又一次飞跃。马克思主义通过论证这一飞跃的实践基础而肯定了它的革命意义,这就是以自由选择为特征的认识主体和实践主体,是人类社会完善的推动者。社会的发展主要是通过人的自我选择实现的,有目的、有意识地选择促进了人的智力和体力、社会组织、社会生活的有序发展。社会中的每一个成员都负有选择的使命和责任,放弃这种使命,就是放弃做人的资格。

社会不断发展,社会生活日趋复杂,人的选择也越来越具有多样性。从选择的主体看,有个人的选择和群体的选择;从性质上看,有主动的选择和被动的选择;从过程上看,还有认识选择、情感选择、行为选择和交往选择等。这些选择交互影响,构成了不同社会生活领域里的选择,如政治选择、法律选择、经济选择、宗教选择和道德选择等。

道德选择是一种特殊的社会选择,它渗透于人类道德的一切领域,不仅包

括行为动机、意图、目的的选择，而且包括行为的方向、过程、结果的选择；不仅表现在主体道德行为的外在方面，如行动、交往等道德实践活动，而且表现在主体道德行为的内在因素，即认识、情感、意志等精神活动上。反过来讲，人类道德的一切内容无不具有选择的意义。人生观、人生价值是对生活方式的选择；人生理想、人生信念是对生活道路的选择。不仅道德原则、道德规范指导着人们的行为选择、交往选择，而且道德知识、道德情感也影响着人的选择方向和选择手段。概而言之，高校教师道德行为选择就是把教师内在的价值观念、道德品质等以行为活动的形式呈现给自己或别人，同时又表现为教师为达到某一道德目标而主动作出的价值取向。

二、高校教师职业道德行为选择的特点

高校教师职业道德行为选择出于对他人和社会利益的某种自觉态度，是高校教师自主、自决、自择的过程，然而相对于其他道德行为的选择而言，高校教师所处的地位和身份决定了其职业行为的道德选择又有其自身特点。

（一）公众性

公众性，是指高校教师具有社会公众人物的属性。他们面对的不仅是学生，还有社会。他们的行为无论是对学生还是对社会都有重大影响，因而极易受到他人和社会的关注。这与高校教师的职责和社会价值是分不开的。

高校教师是专门人才的培养者，是社会生产经验和社会规范的传递者，是未来社会人才的生产者。人为了在社会生活中生存和发展，就必须学会劳动和生活。社会发展到一定阶段，就产生了教育，出现了教师。在现代社会，离开了教师，人类的智慧和能力就不能得到继承、培养和开发，人类自身的再生产、社会的物质生产和精神生产也就不能得到延续和发展。所以人们常用“百年树人”来表述教师劳动的深刻意义，用“人类灵魂的工程师”来赞美教师的工作，这也正说明了教师劳动的社会价值。

现代科学技术的发展、生产力水平的提高以及国民经济和各项事业的发展，在一定程度上取决于高等教育所培养的人才的数量和质量。今天，知识无疑已成为生产力发展的决定性因素。20 世纪下半叶，科学技术迅猛发展，科学、知识、信息直接应用于生产过程，成为生产力中最积极、最有革命意义的内容。而经济的发展又依赖于教育的发展、教师的劳动。随着知识经济时代的到来，建设国家创新体系、实施国家创新工程对教育提出了更高要求。高校成为创新体系的组成部分，也肩负着培养具有创新意识和能力的高素质人才的艰巨使命。知识经济是知识型、创新型、学习型、头脑型经济，它要求将教育、人才摆在优先发展的战略地位。教育是知识经济的核心与基础，是推动经济发展的重要

动力源，它对整个社会生产力的发展都具有基础性、决定性的作用。

由此可见，高校教师的职业行为选择不仅直接关乎学生的成长，还关乎国家的繁荣、社会的发展，所以高校教师职业行为的道德选择必然受到全体社会成员的关注和监督。

（二）示范性

示范性，就是为人师表，是指品德高尚的高校教师无论在知识上还是人格上都被人们奉为楷模，其言行对人们有导向作用，是人们效仿的榜样。高校是培养高素质人才的摇篮，是文化传承的主阵地，是人才流动最频繁的地方，对社会的影响既具有空间的广泛性，又具有时间的长久性。高校既是精神文明的示范区，走在精神文明建设的前列；也是精神文明的辐射源，将具有良好思想品德修养和掌握现代科技文化知识的高素质人才输送到社会各领域，为提高全民族的精神文明水平作出贡献。因此，高校是社会文明水准的窗口。除了国家的专门研究机构，高校汇集了各领域最高水平的科学文化知识，人类文明不断从这里被继承、发展和创造，并向全社会传播和扩散。

作为高素质人才的培养者、精神文化的传播者，高校教师不仅影响着学生的精神面貌，而且作用于当代社会，更会对未来社会产生影响。

（三）限制性

高校教师职业行为的公众性、示范性，使高校教师在职业行为的道德选择中或多或少地受到外界因素影响，这就是高校教师职业道德行为选择的限制性。这是由高校教师的职业特性所决定的。

高校教师的一个重要职责是教育、引导他人，这不仅表现在思想上，还表现在行为上。要起到正确的教育引导作用，必须有正确的思想、行为。因此，高校教师在职业行为中，要注意自己的言行规范，凡是要求别人做到的，自己首先要做到。高校教师无论是语言、仪表还是行为、风度等方面，都要受到一定的职业限制。在职业行为中，要使用规范、准确的语言，讲究文明礼貌；要有端庄典雅的举止、朴素大方的穿着、饱满热情的精神；要可亲可敬，沉着冷静，表现出知识涵养；要遵守法规法纪、制度章程，不能以身试法，随意破坏规矩。不能因与家人、邻里等发生矛盾和冲突，就把情绪带到工作中，把怨气、怒气发泄在学生、同事身上。

（四）渗透性

这一特性也可称为“延伸性”，是指高校教师职业道德行为选择的标准渗透到其日常生活中，从而使其日常行为也有一定职业化的要求。这也是由高校教师的职业特性决定的。

由于高校教师职业具有神圣性和崇高性，所以高校教师的行为备受关注。

人们不仅希望高校教师在职业行为中表现为一个“完人”，还要求高校教师在日常生活中同样高尚。在私人场合，人们仍会以高校教师的身份去界定和评价他们。高校教师的日常生活必然要表现出一定的职业化，很多时候需要用职业道德规范来约束自己的私人行为。如果高校教师在日常生活中的行为选择有悖于教师职业道德，那就会破坏高校教师在人们心目中的良好形象和崇高地位，导致威信扫地，使他人产生厌恶、抵触情绪，从而失去表率示范作用，严重影响教育效果，甚至危及高等教育目标的实现。因此，高校教师在学校、家庭和社会中都要时刻保持道德的自觉，恪守高校教师职业道德规范。

以上高校教师职业道德行为选择的特点说明，高校教师作为一个有着特殊身份与角色的社会个体，其职业行为的选择不能单纯地顺从自己的意愿，而是要受到诸多条件的制约。高校教师职业行为的道德选择不仅要考虑自己，还要考虑他人。正因为如此，高校教师职业道德行为的选择才体现出其人格魅力与道德价值的高尚。

拓展阅读

请阅读傅维利、于颖在《教育探究》(2020 年第 1 期)发表的《教师职业道德的独特品性及其价值实现》一文。文中指出，教师职业道德是一般社会道德规范的角色化和行业化。在现代社会中，教师职业具有区别于其他职业的显著特征，这决定了教师职业道德具有不同于其他职业道德的特殊性。推进教师职业道德的价值实现应提高教师群体职业道德的内源性发展动力，构建各方协同参与的教师职业道德治理体系，推进教师道德内修与外烁行为协调发展，提高职业道德修养水平，勇于并善于解决职业道德难点问题。

第二节　高校教师职业道德行为的实践

高校教师职业道德行为选择的实现有自己的发展过程。在这个过程中，各个环节必须遵从一定的标准才能达到选择的目的。因此，我们必须研究教师道德行为选择的实现过程，并通过这一过程，完成从选择到行为的过渡。

一、高校教师职业道德行为选择的标准

任何教师道德行为选择都是根据一定的标准进行的，高校教师职业道德行为的选择也不例外。

（一）高校教师职业道德行为选择标准的确定性与不确定性

高校教师职业道德行为的选择依据一定的标准进行，但标准本身的地位又是不确定的。在某种选择境况下，某一标准是最高标准；而在另一选择境况下，它可能又退为次要的选择标准。因此，当教师考虑道德行为选择的标准时，首先就会遇到标准的确定性与不确定性的问题。

一定的标准在一定的价值体系中的地位是确定的，较低的价值准则应从属于较高的价值准则，较小的标准应取决于较大的标准。标准的作用也是确定的，它决定着教师的取舍，决定着教师选择的价值。在价值冲突中，该标准促使教师执行某个道德准则，实现某种道德价值。正是由于这一标准的地位和作用的确定性，这一标准才成为教师某一选择过程中的确实依据。

教师道德行为选择的不确定性是指：首先，标准的确定依赖于教师的认识。认识不同，教师进行选择所依据的标准也不同。其次，标准的作用取决于它在道德体系中的地位。地位越高的价值准则，对选择的作用越大。但是，由于价值准则之间存在着相互依赖、相互制约的关系，所以任何准则都不是绝对的，都不能包揽其他道德选择。最后，标准的作用在具体的选择中得以显现，不同的选择对标准的要求不同，而相同的选择也可以参照不同的标准。既没有可以普遍使用的抽象标准，也没有永恒不变的固定标准，只有在具体情境中发挥具体作用的具体标准。

教师道德行为选择的标准是确定性与不确定性的统一。一方面，两者是相互渗透、相互包含的。不确定性包含着确定性，否则，价值准则就无法成为选择的标准；而确定性中又包含着不确定性，因为确定的选择标准是从不确定的价值准则来的。只有确定性，没有不确定性，选择标准就会僵化，变成形而上的教条，最终束缚教师的选择；而只有不确定性，没有确定性，选择标准又会无从把握，变成主观随意性的产物，使教师的选择失去依据。另一方面，两者又是相互转化的。不确定性的准则一旦为教师所确认，就会成为确定的选择标准。在这个范围内，标准决定着取舍；而一超出这个范围，此标准又会成为不确定的，受其他准则制约或支配。

（二）高校教师职业道德行为选择标准的主观性与客观性

教师道德行为选择的标准是主体所确立的，因此它又有一个主观性与客观性的问题。人是选择的主体，也是确立选择标准的主体。而处于一定社会关系

中的人，在确定选择标准时不能只从主观出发，还必须考虑他人、社会的因素。因此，教师确定选择标准时不能仅从主观出发，还要考虑他人，考虑社会，从而使选择标准具有客观性。

选择标准的主观性决定了标准是具体的。主体在进行选择之前，必须从自己的需要出发确立标准，所以标准带有个人色彩。个人的感性欲望、理性情感、意志信念都可以成为确定标准的影响因素，而诸多因素中最重要的是理性和理想。教师道德行为选择是一种价值决断，不能仅靠感性，必须把感性上升为理性，把需要上升为理想。理性、理想已经摆脱了个人的有限性，进入到有限与无限相统一的领域。从现实与理想的结合出发而确定的标准不仅仅具有个人的主观性、情境的特殊性，而且还包含着社会的客观性、选择的普遍性。只有在这时，标准才不再是个人意志的产物，而是个人与他人、个人与社会相互作用的结果，是个人把握道德选择规律的结果。

选择标准的客观性决定了标准是普遍的。某一标准能够适用一类情境，而不是只适用于一种情境。没有这种普遍化性质，就不能成为道德行为选择的标准。客观标准是不承认个性的，它审判一切选择，符合方被予以通过，但普遍性的标准最终必须落实在一定的选择中，成为具体的标准，从而带有个性特殊性和个人主观性，也就是把客观的道德规律化为人的内在要求，变为个人自觉的选择活动。因此，教师道德行为选择标准既不排斥主观性，也不排斥客观性，而是将主观性与客观性融为一体，达到二者的统一。

（三）高校教师职业道德行为选择标准的功利性与超功利性

道德的基础是利益，教师道德行为选择归根到底是利益的选择。因此，在我们考虑道德行为选择标准因素时，又不得不考虑选择标准的功利性和超功利性。

所谓功利性，是指任何道德行为选择的确立，都反映着人与人之间一定的利益关系，都是为了达到或实现某种利益。离开了利益，道德行为选择就失去了动力和依据，就会变得空洞或虚伪。马克思主义伦理学认为，世界上不存在纯粹的无功利的道德，道德是人们利益关系的反映，是受社会物质生活条件制约的。道德准则不过是利益的特殊表现形式或达到利益的特殊手段，由这种准则转化而成的选择标准自然有了强烈的功利性。但是，选择作为教师的一种完善的意志决定，所依据的不是眼前的个人私利或小集团的狭隘利益，而是长远的利益，是整体完善的利益。

道德行为选择的标准又具有超功利性。超功利性在这里包含以下几层意思：首先，教师道德行为选择的标准虽然来自利益关系，但它又具有相对的独立性，有着自己特殊的地位、职责和使命，这是由人类道德发展本身造成的。其次，教师道德行为选择的标准虽然反映着利益的要求，但是这种利益是社会整体的利益，而不仅仅是教师个人的利益。再次，教师道德行为选择的标准在有些场合不但与教师的利益无关，反而需要教师作出一些个人牺牲。正如马克思所说："如果我们选择了最能为人类福利而劳动的职业，那么，重担就不能把我们压倒，因为这是为大家而献身，那时我们所感到的就不是可怜的、有限的、自私的乐趣，我们的幸福将属于千百万人，我们的事业将默然地，但是永恒发挥作用地存在下去，而面对我们的骨灰，高尚的人们将洒下热泪。"[①]教师道德行为选择正是在这种牺牲中显示出超功利性的光辉，也正是在这种超功利中包含了最大的功利性。

教师道德行为选择的功利性和超功利性通过教师的实际选择而达到统一，追求功利往往是达到超功利（即完善的目的）的必要手段。同时，由于社会生活中各种因素交互影响，教师道德行为选择的标准不能独立于其他标准之外，它的功利性必须通过自觉地追求功利的选择来实现。一个只包含着功利性且只能将教帅引向各自利益的标准，以及一个让教师在选择时完全放弃个人利益的标准，都不是真正的教师道德行为选择的标准。

二、高校教师职业道德行为选择的能力

高校教师的职业道德行为选择是教师进行道德活动的一种形式。作为一种现实的活动，高校教师职业道德行为选择的正确性，一方面取决于教师个人道德品质的高低，另一方面与教师个人的选择能力有密切的联系。事实上，在教师的行为选择中，这两个因素相互交叉、相互渗透，共同起作用。教师的选择水平，首先是以一定的道德品质为基础的，而一个教师的道德品质又是在具体道德行为的选择中才能表现出来。

（一）培养高校教师职业道德行为选择能力的意义

高校教师的职业道德行为选择能力非常重要，能力不强，势必影响选择的正确性，特别是在偶发事件发生时，道德行为选择能力的作用更加突出。在事物处于相对稳定或在环境正常发展的情况下，教师对客体的选择是比较顺利的，容易达到选择的目的。但当选择客体和选择环境偶然发生变化或事物出现难以预料的情况时，教师要实现道德行为选择的目的就比较困难。在这种情况下，道德行为选择能力强者就能比较迅速而冷静地作出正确的选择，而弱者往往感到左右为难、不知所措。这种情况的产生，除了有教师个人的道德素质方面的原因外，一个突出的原因就是选择能力差。

① 《马克思恩格斯论教育》，人民教育出版社1985年版，第49页。

能力是人们完成某种活动所必需的并直接影响活动效率的个性心理特征。人们要完成任何一项活动都与人们所具有的能力密切相关，缺乏某种能力就会影响某项活动的效率和成功率。行为选择能力是人们成功地完成行为选择必备的条件，是完成正确的道德选择的重要保证。个体选择能力的强弱往往影响着道德选择的方向和道德价值的大小，对教师的道德品质培养也有很大影响。充分认识能力在道德行为选择中的重要作用，加强教师个体选择能力的培养，是教师职业道德建设中需要研究的重要课题之一。

（二）高校教师职业道德行为选择能力培养

教师道德行为选择能力，是指教师在一定的道德意识支配下，根据一定的道德标准，在不同的价值准则或善恶冲突之间自觉、自愿地抉择的能力。教师在选择道德行为过程中，既有对客体的作用，又有自身的能力潜在其中。选择能力是教师道德行为选择构成的重要内容，那么应该如何培养教师的道德行为选择能力呢？

首先，要全面理解和掌握道德知识，加强对道德必然性的认识，这是提高高校教师道德行为选择能力的前提。教师道德行为选择能力的发展同教师个人对道德知识、道德必然性掌握的程度成正比。道德知识越丰富，对道德必然性认识越深刻，教师道德行为选择能力就越强。应该说，高校教师已经积累了一定的道德知识，但是进行道德行为选择仅仅有常识性的知识是不够的。恩格斯说："常识在它自己的日常活动范围内虽然是极可尊敬的东西，但它一跨入广阔的研究领域，就会遇到最惊人的变故。"[①]当今社会经济、政治改革和世界科技的发展所产生的道德问题日趋复杂，依靠道德常识或者道德经验来进行道德行为选择已远远不够。因此，教师必须加强道德知识的学习，增强对道德必然性的认识，特别是道德原则和道德规范的认识，在理论上有所提高和深化，不断提高自身的道德行为选择能力。

其次，要培养良好的思维能力。良好的思维能力是道德行为选择能力的基础，思维能力的发展会促进道德行为选择能力的提高。思维能力一般是由思维的分析能力、综合能力、比较能力和概括能力组成。这些能力相互联系，构成完整的思维运动过程。发展分析能力，就要学会分析事物的方法。分析方法是把选择对象的整体分解为各个部分，进而从中认识事物本质的方法。分析方法虽然能够把握事物的本质特征，但这种认识仍然是零碎的、抽象的，不能把握事物的全体。这就需要综合方法的介入。所谓综合方法，就是运用思维把选择对象的各个部分联合成一个整体，使事物的本质体现在各个部分之中的方法。在分

① 《马克思恩格斯全集》第 20 卷，人民出版社 1979 年版，第 24 页。

析的基础上综合，使对象在思维中具体再现，这样就能对事物或人的行为达到完整的具体的认识。有比较才能有鉴别，通过比较，才能辨别真假、善恶，不至于被虚假的形式所迷惑。道德行为选择应该是选择者对行为和事件进行详尽的分析、综合和比较的基础上作出抉择。如果没有分析和综合、比较和鉴别，就想当然地去选择，那么这种选择就不可能顺利达到选择主体的价值目标，也不可能实现选择的目的。发展思维能力，还必须培养稳定、积极的情绪和坚强的意志。稳定的情绪和坚强的意志能够促进思维活动的进行，有利于道德行为选择目的的实现；消极的情绪和脆弱的意志有碍于思维活动的进行，往往造成道德行为选择的失真，影响道德行为选择目的的实现。

再次，要在社会实践中锻炼道德行为选择能力。任何能力的发展都离不开社会实践的锻炼，教师道德行为选择的能力也需要教师在道德实践中培养和发展。因为教师面临的社会生活是复杂的，环境提供的选择可能性有时是人们事先无法预料的。在很多场合下，教师的行为选择没有现成的答案。如果要正确地选择道德行为，使个人选择与社会要求相统一，就要在道德实践中进行多方面的学习和锻炼，在不断的实践中积累经验，这样道德行为选择能力就能不断得到升华和提高。

最后，高校教师要想作出正确的职业道德行为选择，采取正确的职业道德行为，顺利实现教书育人的目标，必须要有正确的价值观的引领。

党的十八大提出“倡导富强、民主、文明、和谐，倡导自由、平等、公正、法治，倡导爱国、敬业、诚信、友善”，从国家、社会和公民三个层面概括了社会主义核心价值观的价值目标、价值取向和价值准则。这三个“倡导”，描绘出一个国家的价值内核、一个社会的共同理想、亿万国民的精神家园。党的十九大报告中明确指出：“要以培养担当民族复兴大任的时代新人为着眼点，强化教育引导、实践养成、制度保障，发挥社会主义核心价值观对国民教育、精神文明创建、精神文化产品创作生产传播的引领作用，把社会主义核心价值观融入社会发展各方面，转化为人们的情感认同和行为习惯。”基于此，高校教师职业道德行为选择理应以社会主义核心价值观为标准。

2013 年 11 月，习近平总书记在山东曲阜考察时曾指出，必须加强全社会的思想道德建设，激发人们形成善良的道德意愿、道德情感，培育正确的道德判断和道德责任，提高道德实践能力尤其是自觉践行能力，引导人们向往和追求讲道德、尊道德、守道德的生活，形成向上的力量、向善的力量。2014 年 5 月 4 日，习近平总书记考察北京大学时又指出，核心价值观，其实就是一种德，既是个人的德，也是一种大德，就是国家的德、社会的德。国无德不兴，人无德不立。如果一个民族、一个国家没有共同的核心价值观，莫衷一是，行无依归，那这个民族、这个国家就无法前进。这样的情形，在我国历史上，在当今世界上，都屡见不鲜。

一方面，我们要建设基于社会主义核心价值观的新型社会道德环境。这就要求社会有一个系统的评价社会行为和经济行为的道德标准。这包括两个方面：一是对邪恶的东西进行体制化的严厉的惩罚；二是让公民对社会、道德、文化、价值、国家有一个正面的系统的认知。中国特色社会主义新时代的道德价值观念系统不再是基于自然血亲人伦之等级结构的天然不平等的权利分配和道义承诺，而是基于民主、文明、自由、平等、公正等社会主义核心价值观之上的新型伦理道德。易言之，行为的道德正当性和伦理合理性不再以伦理等级权威为判断标准，相反，必须以社会公共认同的社会伦理规范为基本评价尺度，最根本的是以有利于满足人民群众日益增长的美好生活需要为终极圭臬。

另一方面，高校教师要模范践行社会主义核心价值观。要把践行社会主义核心价值观贯穿到教育教学的全过程，处处育人、时时育人，引导和把握好人生方向，特别是引导和帮助青少年学生"扣好人生的第一粒扣子"。高校教师要率先垂范，有以天下为己任的家国情怀，常思民族之安危、教育之兴衰、学生之疾苦。努力坚定信仰，培育和践行社会主义核心价值观。

三、高校教师职业道德行为选择的过程

教师道德行为选择是道德行为的前奏，所以教师道德行为选择的过程也就是道德行为形成的过程，具体表现为道德动机的选择、道德目的的选择、道德手段的选择等。

任何行为都是有动机的。动机是直接推动个体活动以及达到一定目的的重要内部动力。动机是行为的开端，也是决定行为目的的重要因素，所以教师道德行为选择过程的第一个环节就是动机的选择。

教师之所以能够选择动机，一方面是由于教师有自由选择的能力，另一方面是由于动机本身提供了选择的可能。动机的好坏对行为的善恶往往起着决定性作用，但是动机与行为的关系不是一对一的，同一个行为的动机也可能不同。比如，教师对教育事业的执着追求，可能是由于出人头地、成名成家的愿望，可能是由于对成就感、价值感的需要，也可能是出于报答社会、师长关怀的报恩之情等。这些动机虽然都能形成同样的行为，但其道德价值却不同。从道德上讲，教师行为动机大致可以分为三类：一是符合社会主义道德的动机，如有利于他人，维护社会整体利益等；二是不符合社会主义道德的动机，如损人利己、损公肥私等；第三类则是介于两者之间的动机。社会主义道德认为，第一种动机是善的，是每一个人、每一名教师都应该选择的；而第二种动机是恶的，应

该加以摒弃；第三种动机的善恶要根据具体情况具体分析。

动机的复杂性还在于同一动机也可以产生不同的行为，因为动机只是行为的直接原因，而不是目的，它推动人们去行动，但是又没有明确行动的途径和手段。比如，教师想成名成家，可以表现为诚实劳动、踏实工作，也可以表现为投机取巧。这一现象的存在告诉我们，动机选择的道德意义是有限的，教师道德行为选择还要进一步发展，由选择动机过渡到选择目的。

目的是人们预定通过行为所需要达到的结果。漫无目标的行为是没有任何价值的。目的是行为的灵魂，规定着行为的方向，所以选择目的就显得更为重要。目的在行为中的地位和作用，也决定了目的选择的重要性。选择正确的目的是教师道德行为的关键环节和主要使命，目的不是与行为相对而言的最终结果和状态，而是从动机转化而来的，与人的主观欲求相关，是行为追求的对象。这种对象并不是客观存在的，而是以观念形态在人的头脑中生成或表现出来，从而能够起指导行为的功能和作用。

目的不仅仅是主观的，实质上它是客观的关系在人脑中反映的结果，其本质是主客体的统一。正如马克思所说："这个目的是他所知道的，是作为规律决定着他的活动的方式和方法的，他必须使自己的意志服从这个目的。"[①]但目的作为人的主观反映，又是可以选择的，只有经过主体选择并成为主体的目的，才能支配主体的行为。

目的必须通过手段来实现，手段是实现目的的方法、途径或方式，是由目的本身的性质规定的。在目的既定的情况下，手段的选择具有极为重要的意义。首先，正确地选择手段才能尽快完满地实现目的。由于目的手段的相关性，只有目的和手段在性质上一致时，才能有助于目的的实现。其次，选择手段又能强化道德行为选择的责任。无论是动机还是目的，都是作为主观的东西存在的，对它们的选择经常是在观念中进行的，是一种思想上的矛盾斗争。这种观念、意识上的选择对于形成人的品质是极为重要的，但由于它只是停留在主体头脑中，并没有表现出来，所以选择的责任尚不明显。只有经过手段选择之后，目的、动机才开始由观念形态向现实形态转化，从而有了明显的道德责任。最后，选择手段可以扩大人的自由。在现实生活中，为达到一个目的，可以通过多种途径和方式，在诸多的手段之间进行抉择，既表现了教师现有的自由度，又为教师选择自由的增加奠定了基础。

教师道德行为选择经过动机、目的，到达手段，同时也发展到了自己的顶点。这时教师道德行为选择也就完成了自己的使命，开始向道德行为过渡。

---

① 《马克思恩格斯全集》第 23 卷，人民出版社 1979 年版，第 202 页。

第三节　高校教师职业道德禁行行为

2014 年 9 月 29 日，教育部印发了《关于建立健全高校师德建设长效机制的意见》(教师〔2014〕10 号)，对高校教师划出了七条“师德红线”。触犯“红线”的教师将会受到警告、记过甚至开除的惩罚。这实际上就是高校教师职业道德行为选择的“负面清单”，是高校教师职业道德的禁行行为，是高校教师坚决不能触碰的“高压线”。

一、高校教师职业道德禁行行为的主要内容

七条师德“红线”(简称“红七条”)，具体包括：

(1)损害国家利益，损害学生和学校合法权益的行为。

(2)在教育教学活动中有违背党的路线、方针、政策的言行。

(3)在科研工作中弄虚作假，抄袭剽窃、篡改侵吞他人学术成果，违规使用科研经费以及滥用学术资源和学术影响。

(4)影响正常教育教学工作的兼职兼薪行为。

(5)在招生、考试，学生推优、保研等工作中徇私舞弊。

(6)索要或收受学生及家长的礼品、礼金、有价证券、支付凭证等财物。

(7)对学生实施性骚扰或与学生发生不正当关系。

“师也者，教之以事而喻诸德者也。”合格的教师首先应该是道德上的合格者。术业不精的教师充其量教不好学生知识，但心术不端的教师却会带坏学生的品格。近年来，高校教师学术造假、收受贿赂、性骚扰学生等失德行为屡屡见诸报端，由于一些行为并不构成犯罪，致使一些道德败坏的教师难以受到惩罚。高校教师失德行为多发，严重损害了教师队伍和高校的形象。由于自身疏于管理，所以高校也难辞其咎。近年多起失德案例暴露出一些高校日常管理中“重科研，轻师德”现象突出，对违反师德的行为不主动追究，甚至“护短”，仍然将严重违反师德的教师留在讲台上。

针对这些问题，教育部《关于建立健全高校师德建设长效机制的意见》明确提出，高校是师德建设的责任主体，高校主要负责人是师德建设的第一责任人；高校应组建师德建设委员会，并建立一岗双责的责任追究机制。制度最终转化为师德建设的助推力，还需要高校积极作为。师德建设委员会能否发挥职能，师德考核能否真正做实，失德教师的处置能否及时、公平、公开，都将决定师德建设的成效。

高校要想履行师德建设的主体责任，一方面需要强化日常管理，尽快建立

起相应的管理体系，将师德考核落到实处；另一方面，对违反师德行为的处置，应当公开透明、公平公正，而不能抱着“家丑不可外扬”的心态奢望大事化小、小事化了。学校要严格按照《教育法》《教师法》，清理校规中与法律相冲突的条款；对于违纪违规甚至违法的行为，一律按照法律程序处理，不能姑息迁就，不能为维护所谓的“声誉”而不报不查，让“红线”成为遮丑的“虚线”；要建立师德档案、考核奖惩机制，完善优胜劣汰的准入和退出机制，强化师德监督和评价体系，让教师自愿遵守师德准则，履行职业使命；人才培养体制、考试招生制度、现代学校制度、办学体制等改革要向纵深推进，让教师真正珍视并热爱“阳光下最神圣的职业”。地方教育主管部门也应当发挥职能，帮助高校扎牢“篱笆”，防范和惩戒教师失德行为。

二、恪尽师者规范，严守师德“红线”

高校教师是高级知识分子，是青年学生的导师、社会风尚的引领者。高校教师的职业道德不仅关系到青年学生的成长、高校的人才培养质量，而且影响到整个社会的道德风尚。当前我们的教育正在遭遇多元文化、多元价值观的挑战，社会各种思潮通过各种信息媒体向学校奔涌而来。高校不是真空地带，同样受到社会消极风气的影响。因此，高校教师要自尊自律，树立正气，抑制邪气，坚决守住师德“红线”。

（一）自尊自律，防微杜渐

高校的教师是有渊博知识、有理性认识的知识分子，所以高校的师德建设应该以教师为主体。高校教师要明确自己肩负的崇高育人使命，捍卫教师职业的尊严。从点滴做起，成为青年学子的榜样。刚入职的青年教师，要把师德修养作为入职培训的第一课，要认识到教书育人的使命和师德的重要性。所有教师要努力做到淡泊明志、严谨笃学、敬业爱生，不断提高自身修养，引领青年学生树立崇高理想，树立正确的世界观、人生观、价值观，培养学生为祖国、为人民服务的责任心、创新精神和实践能力。

（二）加强学习，提高修养

教育者要先受教育。教师要向社会学习，向群众学习，向自己的教育对象学生学习；当然，更要学习理论，要博览群书，通过学习达到自尊自律、慎独自爱的精神境界。

高校教师要认真学习马克思列宁主义、毛泽东思想、邓小平理论、“三个代表”重要思想、科学发展观和习近平新时代中国特色社会主义思想，学习党的路线、方针、政策，关心国内外大事，明确高校所肩负的培养人才、振兴学术、创新知识的使命，树立为实现中华民族伟大复兴而努力的理想。

高校教师要学习中华优秀传统文化，传承中华美德，培育矢志爱国、自强不息、厚德载物、诚信待人、慎独自爱的精神；学而不厌，诲人不倦，以身作则，为人师表。

高校教师要博览群书，文理兼修。理工科教师可以多阅读文学艺术作品，提高文化修养；人文社会学科的教师可以多阅读科普作品，了解现代科学技术的发展趋势。通过读书来修身养性，提高文化修养、思想品位、道德情操。

（三）严谨治学，淡泊名利

高校教师要树立严谨治学的学风，反对浮躁，反对急功近利、追名逐利的思想；反对导师霸权主义思想，反对把学生当雇员，只使用却不培养。教师要以德立身、以德立学、以德施教，遵循高等教育教学规律，创新指导培养方式，潜心教书育人，全过程育人、全方位育人，做学生成长成才的指导者和引路人。

拓展阅读

请阅读《教育部关于高校教师师德失范行为处理的指导意见》（教师〔2018〕17号）。该文件指出，要对高校教师师德失范行为实行“一票否决”。高校教师出现违反师德的行为，要根据情节轻重，给予相应处理或处分。

思考与练习

一、简答题

1.什么是高校教师职业道德行为选择？有何特点？

2.高校教师应该如何培养自己的道德行为选择能力？

二、材料分析题

结合本章的学习，对照教育部高校教师师德禁行行为“红七条”，分析以下案例中存在的教师师德失范行为。

国无德不兴，人无德不立。教师的工作是塑造灵魂、塑造生命、塑造人的工作。教师是人类灵魂的塑造者，是学生的引路人，更是打造中华民族“梦之队”的筑梦人，正如习近平同志所说：“责任重大，使命光荣。”近日，湖南省纪委通报了2017年以来查处的18起高校教职工违纪违法、触碰师德“红线”的典型案例。这些案例虽属个别现象，但其性质恶劣，影响极坏，严重损害了高校教师的社会形象和职业声誉。比如，有教师在授课中插播引用国外媒体大量不实资料、图片和报道，发表了一系列丑化党和国家领导人形象、曲解党和国家政策、诋毁英雄模范人物等不当和错误言论，严重违反政治纪律，在学生中造成了严重不良影响；又如，有教师的论文与他人的论文存在部分雷同的现象，构成了学术不端的行为。

第六章　高校教师职业道德的评价

学习目标

1.了解高校教师职业道德评价的必要性与重要性。
2.明确高校教师职业道德评价的标准与依据。
3.掌握高校教师职业道德评价的途径与方法。

案　例

1.湖南某大学教师刘某某，担任文史与法学学院学工办副主任、辅导员、班主任等。刘某某利用职务之便，通过支付宝和微信转账方式，私自收取并侵占该校学生学杂费和班费共计77万余元。

2.南京某大学教师梁某违反教学纪律，敷衍教学；违反学术规范，研究生在读期间就抄袭、重复发表多篇论文，如今使用抄袭的论文作为自己的成果，在职称申报中弄虚作假。

3.在高校招生录取工作中，广西某考生被北京一所重点高校提档，随即得到电话通知，必须交10万元后才能录取。该校两名负责招生的教授被传讯，校领导为招生丑闻公开道歉。

4.重庆某大学教师唐某在2019年2月25日上午"鲁迅研究"课程教学中，发表损害国家声誉的言论，违反政治纪律，严重违反教师职业道德，在师生中造成了不良影响。

近年来，在公开曝光的违反教师职业行为的典型案例中，涉及高校教师的事件并不鲜见。种种违规违纪行为，无一不在拷问着高等教育的公正、诚信和尊严。高校教师作为教育活动的主要承担者，其职业道德状况目前已成为公众关注的焦点。教师职业道德评价是教育道德活动的实践环节。对教师职业道德评价的研究，有利于实现对教师职业道德的鉴定、调节、激励、导向、升华的功能，从而促使教师养成职业道德素养，并将其落实到具体的教育行为中去。

作为教师职业道德活动现象的重要组成部分，教师职业道德评价是人们凭借社会舆论、教育传统和内心信念等力量，依据一定的道德标准，对教师在教育活动中的道德行为和品质进行价值判断的一种活动。自觉、深入地开展职业道德评价对于教师良好职业道德品质的形成是至关重要的。当前，在进行高校教师职业道德评价的过程中，只有明确高校教师职业道德评价的标准，正确处理教师行为动机与效果的关系，采用合理的评价途径和方法，实事求是地对高校教师进行职业道德评价，才能充分发挥高校教师职业道德评价的积极作用，推动国家教育事业的发展。

第一节　高校教师职业道德评价的含义

为进一步增强教师的责任感、使命感、荣誉感，规范职业行为，明确师德底线，引导广大教师努力成为有理想信念、有道德情操、有扎实学识、有仁爱之心的好老师，需要坚持开展高校教师职业道德评价活动，充分发挥好职业道德评价的作用。

一、高校教师职业道德评价的含义

高校教师职业道德评价是高校教师道德实践中的一项重要活动。这项活动的开展，对于提高教师的职业道德素质，形成良好的教风、学风、校风具有重要意义。要充分发挥其作用，实现其意义，首先就要弄清楚什么是高校教师职业道德评价。

（一）高校教师职业道德评价的内涵

道德评价是人们依据一定社会或阶级的道德准则对自己或他人的道德行为进行善恶评判的活动。这种发生在职业活动中的善恶评判就是职业道德评价。高校教师职业道德评价即高校教师自己或他人、社会根据一定社会或阶级的高校教师职业道德标准，通过社会舆论、传统习惯和内心信念等方式，对自己或他人的行为所作出的道德判断活动。

(二)高校教师职业道德评价的分类

高校教师职业道德评价的分类与道德评价的分类方式基本一致。按照评价的主体,高校教师职业道德评价分为社会评价和自我评价;按照评价的状态,高校教师职业道德评价分为动态评价和静态评价;按照评价的重点,高校教师职业道德评价分为定量评价和定性评价;按照评价的指标,高校教师职业道德评价分为硬性评价和软性评价。此外,根据不同的分类方式,还可分为绝对评价、相对评价等。

(三)高校教师职业道德评价的特点

高校教师职业道德评价是针对高校教师群体的特殊性道德评价。其特点既具有道德评价特点的共性,又具有自身的特性。高校教师职业道德评价的特点主要有:

1.判断的主观性

道德评价与历史评价不同:历史评价强调实然,追求最大限度的"真";而道德评价强调应然,追求最大限度的"善"。历史评价是评价者结合史实、史料,最大限度地还原事物的真实面貌,而道德评价则需要通过思想的交流对被评价者行为作出道德善恶的判断。道德评价常常要受到评价人的立场、观念、情感、喜好的影响,这使得道德善恶的判断往往呈现出较强的主观性。在高校教师的职业道德评价中,这种主观性更为鲜明。高校学生思维自由、想法独立,他们的评价往往基于各自的立场和观念,依据自身的情感和喜好来建立道德评价标准,这使得高校学生在对教师进行职业道德评价时主观性十分鲜明,在现实生活中表现为同一个教师在不同学生眼中有不同的形象。

2.思想的深刻性

高校教师职业道德评价是两种思想的碰撞,道德评价不仅对一个人的外在行为进行善恶的评价,而且还对其思想进行善恶评价。由表及里,表里兼顾,通过道德评价不仅可以纠正一个人的不良行为,更能审视其思想、灵魂的纯洁性。在高校教师的职业道德评价中,不管是教师自己还是他人,都会自觉或不自觉地对自身的思想高度、心灵纯度、灵魂深度进行考察和鉴定。评价者和被评价者会进行深刻的思想交流,交流带来的反馈结果又会使双方产生愉悦或痛苦,思想在这一评价过程中变得更加深刻。

3.空间的广泛性

道德评价存在于人类社会的各个领域。人类的经济生活、政治生活、精神生活、社会生活都离不开道德评价,即使在法律审判的范围内也能见到道德评价的身影。高校教师的职业道德评价,同样具有广泛性的特点。高校教师的道德评价存在于教师职业生活中,几乎无处不在,无时不有。在教学、科研、学科建设、人才培养、服务社会、对外交流等各个领域，高校教师行为都需要符合相应的职业道德，高校教师的职业道德素质都会面临自身、他人或社会的道德评价。

4.时间的持久性

道德评价存在于人类社会的各个阶段，即使是到了共产主义社会，人类社会的阶级性消失了，道德也不会消失，道德评价也将一直存在。高校教师的职业道德评价，随着高校教师群体的产生而产生、发展而发展，与高校教师的职业道德相伴而生，同向而行。此外，对高校教师进行道德评价具有深远持久的影响力，评价结果不仅能够影响高校教师一时的思想和行为，促使其改正不良行为，发扬优良品德，还会对其今后的道德素质和道德行为产生影响，具有时间上的持久性。

二、高校教师职业道德评价的意义

高校教师的职业道德建设是一项系统工程。开展高校教师职业道德评价，对于鉴定和规范高校教师职业道德、激励高校教师提高自身的职业素质、选择高尚的职业行为具有重要意义。同时，对高校教师的职业道德进行评价，也有利于学生道德水平的提高、社会道德信念的养成。

（一）高校教师职业道德评价有利于鉴定高校教师的道德素质

在高校内部，来自于上级领导、教师同事、广大学生的评价是教师职业道德评价的重要方面。领导、教师和学生往往将传统和权威的、针对教师职业道德的阐释作为评价的依据。传统和权威的阐释包括国家的教育法律法规、教育政策和教师职业道德原则和规范等。在评价中，若高校教师的行为表现符合评价者提出的要求，就被鉴定为道德水平高；反之，若是高校教师无法达到或是违背了传统和权威的道德标准，则被鉴定为道德水平低。一方面，这种鉴定有利于评价者明晰高校教师的职业道德水平。教育行政部门、学校管理者、学生等评价者对教师个体和整体的基本道德情况有清晰的认识，为教师的选用、晋升、职称评定及奖惩提供一部分依据，有利于对高校教师进行科学化管理。另一方面，有利于被评价者反思自身的职业道德素质。通过评价，可以促使高校教师找到自身与他人的职业道德差距，反思自身的优点与不足，不断提升自身职业道德修养。

（二）高校教师职业道德评价有利于规范高校教师的职业行为

“道德不同于法律，没有专门的执行机关。它是通过社会舆论、传统习惯和内心信念来维系的。”[①]高校教师同其他行业的劳动者一样，对于本行业的职业道德要求有一个从不自觉到自觉遵守的过程，所以高校教师在履行其职业道德要求的时候并非一开始就完全处于自觉状态，这样就需要通过高校教师职业道德评价，对教师职业活动中的行为表现予以规范。

高校教师职业道德评价分为有形评价和无形评价。当教师产生不道德行为后，教师职业道德评价常以有形的形式进行规范，如群众的贬抑、领导的批评、学生的抗议等。这种有形的评价如同栅栏一般，将高校教师的职业行为限制在合乎道德的范围内。高校教师的个人内心信念则是一种无形的力量，这种无形的力量在教师职业道德评价中发挥着极其重要的作用。它在行为引发前，起着保证动机纯正的作用；在行为过程中，起着引导行为方向的作用；在行为后，起着评价行为后果的作用。这些有形的和无形的高校教师职业道德评价每时每刻都规范着教师的言行，从而促进高校教师提高职业道德素质，形成一种稳定的职业道德习惯。

（三）高校教师职业道德评价有利于激励高校教师遵守职业道德

高校教师职业道德评价除了鉴定、规范每个教师的言行、举止、思想、观念外，还具有道德激励作用。

第一，对高校教师的职业道德进行评价，有助于高校教师明晰自身教育行为在道德上的得失，促使高校教师改正消极、低劣的行为，激励他们选择积极、高尚的道德行为。在具体的教育活动中，高校教师将道德付诸实践之前，往往会面临着多种行为选择。大多数高校教师可以不忘初心、牢记使命，爱岗敬业、教书育人、改革创新、服务社会，为实现教育现代化和教育强国战略作出自己的贡献。但也有个别高校教师放松自我要求，对工作敷衍了事，对学生不加指引，甚至出现违反师风师德的行为，损害了教师队伍整体形象。因此，我们要根据高校教师职业行为准则对高校教师进行评价，用正确的行为准则来激励高校教师，使高校教师自觉成为政治素质过硬、业务能力精湛、育人水平高超的高素质教师。

第二，对高校教师的职业道德进行评价，有利于建立健康良好的道德氛围，形成良好的道德风气，在潜移默化中激励高校教师提高自身职业道德素质。长期的道德评价活动可以促使良好、高尚、健康的道德氛围的形成和发展。如今，国家高度重视优秀教师的模范作用，在全社会寻找师德榜样，宣传教师的道德风尚，肯定教师的道德人格；各高校也对教师在实际的道德活动中所积累的道德经验给予高度评价。在健康良好的道德氛围和风气中，高校教师会受到激

---

① 郑禾编著：《教师职业道德修养》，对外经济贸易大学出版社2004年版，第181页。

励，唤起内心良好的职业道德信念，促进自身职业道德的升华，一心一意地献身于自己所认定的崇高事业。

（四）高校教师职业道德评价有利于推进社会道德水平的提高

高校教师职业道德评价，不仅能直接促进教师职业道德素质的提高，而且有利于高校学生和整个社会道德的进步。一方面，高校教师职业道德评价的直接目的是加强高校教师职业道德的自觉性，但最终是为了学生的全面发展。习近平同志在全国教育大会上指出，培养什么人是教育的首要问题。我国是中国共产党领导的社会主义国家，这就决定了教师的使命是培养德、智、体、美、劳全面发展的社会主义建设者和接班人。大学生是中国的未来和希望，在我国，高校教师的道德情感、道德信念、道德行为和习惯的养成都必须围绕着学生的健康、全面发展这个主题。一方面，高校教师言传身教，在教学中，用良好的道德修养、行为举止去塑造学生的思想和行为，从而提高学生的道德水平，促进高校学生成长成才。另一方面，高校作为社会的一个重要而且特殊的构成部分，是文明的示范基地，是道德的重要阵营。高校教师在整个社会中，其道德水平应是高于社会平均道德水准的。在高校与社会的相互作用中，教师职业道德评价活动会直接影响到社会上其他行业人们道德情感和道德信念的养成，起到“一棵树摇动另一棵树，一朵云推动另一朵云，一个灵魂召唤另一个灵魂”的道德辐射作用。

拓展阅读

《中共中央、国务院关于深化教育改革全面推进素质教育的决定》指出：“建设高质量的教师队伍，是全面推进素质教育的基本保证。”实施素质教育，不仅要围绕如何培养学生素质进行探索，而且要围绕如何提高教师素质开展研究。在教师必须具备的各项素质中，道德素质是尤为重要的一项。习近平同志在全国教育大会上的重要讲话中指出：“教师是人类灵魂的工程师，是人类文明的传承者，承载着传播知识、传播思想、传播真理，塑造灵魂、塑造生命、塑造新人的时代重任。”高校教师的职业道德素质直接影响到学生道德素质的培养和发展，影响到教育现代化进程和国家教育强国战略的部署。

第二节　高校教师职业道德评价的标准

制定高校教师职业行为准则，明确新时代高校教师职业规范，是对广大教师的警示提醒和严管厚爱，是深化师德师风建设以及造就政治素质过硬、业务能力精湛、育人水平高超的高素质教师队伍的关键之举。

在教育改革不断深化、教育现代化进程不断推进的今天，高校教师不能再因循守旧、故步自封，只沿用以前的旧理念、旧方法来应对新情况、新问题。新时代下，高校教师要不断创新教育理念和教育方法，不断进行研究和探索。因此，我们既要肯定成功者，又要鼓励那些积极探索，但对于一时效果不显著的高校教师，我们要肯定他们的良好动机和长远性的教育效果。在评价高校教师职业道德时，做到局部和整体、现实性和长远性相结合，实现高校教师行为动机和行为效果的辩证统一。

一、高校教师职业道德评价的标准

进行道德评价总是要依据一定的标准进行，评价能否科学有效首先受到评价标准的影响。为了能使高校教师职业道德评价的功能得到发挥，起到对教师职业道德建设应有的促进作用，必须从高等教育发展的需要出发，制定符合高等教育发展趋势的高校教师职业道德评价标准。

制定高校教师职业道德评价的标准，在形式上必须体现道德评价标准的性质，要注意道德评价标准是客观性与主观性的统一、功利性与理想性的统一，要注意道德评价标准的动态变化性和层次性，制定完整系统的高校教师职业道德评价标准体系。所谓道德评价标准就是道德评价主体用来衡量道德价值的尺度，道德评价标准本质上反映了评价主体的一定利益和需要，它具体表现为一定的道德原则和规范。道德评价标准虽然因评价对象和评价主体的不同而有差异，但作为道德评价的尺度，又有一些共同的性质特征：一是道德评价标准是客观性与主观性的统一。评价标准总是依据一定的评价对象确立的，对象的性质决定了标准的性质，道德评价对象不同，评价标准也就不同。道德评价标准是客观存在的，具有客观性。而人们在道德评价中采用什么样的标准，取决于评价主体的世界观、人生观和道德观以及评价能力。人们往往用不同的标准去评价同一种对象，以至于道德评价标准具有主观性。道德评价标准的内容是客观的，形式是主观的，是主观与客观的统一。二是道德评价标准是功利性与理想性的统一。将一种标准作为尺度去衡量某种评价对象，是因为这种标准表达着评价主体的利益和愿望，能够得到有利于评价主体的结论和效果，因而评价标准体现着功利性的目的。同时，道德评价标准作为一种尺度，往往体现着评价主体对价值目标的追求，因此道德评价标准隐含着评价主体的道德理想和期望，形成了道德评价标准的理想性特征。评价标准的功利性是理想性的基础，理想性蕴含着长远的功利性。三是道德评价标准具有动态变化性。道德价值的丰富和完善是一个不断运动发展的过程，道德评价标准或价值尺度也必然具有动态变化性。每一时代人们都有特定的客观条件和主观条件以及与之对应的道德评价标准。四是道德评价标准具有层次性。道德评价标准之间并不是平行排列的，而是有主次之别、分层次排列的。道德评价标准可以分为直接标准、基本标准和根本标准。评价标准的层次性决定了道德评价的广度和深度。道德评价标准的层次性是客观存在的，评价主体出于不同的评价目的和需要，对各种评价标准的运用会有所偏重。另外，根据评价对象的不同和特殊的评价目的进行道德评价还会使用一些特殊的标准。

制定高校教师职业道德评价的标准，在内容上，必须考虑教师职业的性质和高等教育发展的需要，要体现教师道德的特定内涵和时代要求。一是教师道德具有示范性，较之于其他职业道德有着更高、更全面的要求。“师者，所以传道、授业、解惑也。”教师教书与育人职责的双重性决定了师德的全面性，教师工作的性质决定了师德具有更加强烈的典范性，所以教师道德历来受到重视，提高教师道德水平是社会对从教者提出的要求，诸如：“学高为师，身正为范。”“师者，人之楷模也。”“为师之道，端品为先。”这些论述说明了教师道德具有示范性。模仿是青年学生的一个显著的学习方式。教师的思想行为、对待事物的态度都能直接或间接地对学生产生影响。教师在教给学生知识的同时，必须以自己的品行引导学生提高思想道德觉悟，而且教师职业道德评价标准必须反映教师道德的这种先进性质。二是教师道德必须能够适应素质教育发展的需要。新时代的教育是面向世界、面向现代化、面向未来的素质教育。素质教育就是从知识教育为主转变为把知识、能力、素质融为一体的综合性教育。素质教育的发展对教师道德提出了新的要求。教师必须树立开展素质教育的现代教育观，树立为素质教育贡献力量的事业心和责任心，因材施教，关心热爱学生，严格要求学生，促进学生全面、健康地发展。高校教师职业道德评价标准必须反映时代对高校教师职业道德提出的新要求。

总之，高校教师职业道德评价标准的制定要在形式和内容上符合上述要求，这样才能使评价标准成为形式完善、内容合理的可操作性指标体系，使道德评价依据确实可信的标准进行，增强可信度和说服力，减少随意性和盲目性。

教育发展的利益是高校教师职业道德评价的根本性标准。从社会发展角度来说，社会利益应当是道德评价的根本标准，其他标准应该服从这一标准。

社会利益标准，就是把是否有利于社会发展进步作为道德评价的标准。一种社会道德，如果对人类历史的进步发展起促进作用，就是进步道德；反之，就是落后道德。无论哪一种职业道德都有其产生和形成的客观依据，都是一定社会关系的产物，凡是有利于社会利益的行为或品质就是善的，应予以肯定和赞扬；凡是有损于社会利益的行为和品质就是恶的，应予以否定和抵制。教育发展是社会发展的需要，教育发展的利益体现了社会发展的利益，所以高校教师职业道德必须反映高等教育发展的需要，把是否有利于教育发展作为高校教师职业道德评价的根本性标准。

学校发展的利益是高校教师职业道德评价的基本标准。现代社会中，教育的发展要通过学校的发展来实现，教师要在学校中行使职责、发挥作用，高校教师职业道德必须反映学校发展的需要，把是否有利于学校发展作为高校教师职业道德评价的基本标准。有利于实现学校发展利益和需要的行为，给予肯定、坚持和宣传；反之，给予否定、抵制和反对。高校教师职业道德规范是直接的评价标准。道德规范能够具体反映社会和团体需要，并具体指明行为的界限，所以人们往往直接使用道德规范作为道德评价的标准。高校教师职业道德规范也应当成为直接的评价标准。凡是符合教师职业道德规范的行为和品质就是善的，理应获得肯定性的评价；反之则是恶的，理应得到否定性的评价。教师职业道德规范的制定是一项重要的工作，所以高校必须制定出符合教育发展利益和学校发展利益的教师职业道德规范。制定出的道德规范总是有一定的局限性，要不断根据社会和教育发展的需要完善高校教师职业道德规范体系。

高校教师职业道德评价标准从不同的侧面反映了教师职业道德的价值，在性质和价值取向上应当一致，但是也会存在差异和冲突。在实际的评价中，只有把几种标准综合起来，才能保证道德评价的科学性，这就需要提高道德规范体系的科学性，提高道德评价主体的评价能力。

二、高校教师职业道德评价的依据

道德评价的依据就是评价对象所具有的反映道德价值的要素，如评价天气要依据气温、湿度和空气质量等因素，评价人们的道德状况必须依据人们对道德的理解和实践状况。人们对于道德的理解和总体实践状况构成人们的道德品质，而具体的道德实践就是人们的道德行为。由于道德品质是在行为人的一系列行为中体现出总体性质和习惯性特征，所以进行道德评价主要的依据是道德行为。所谓道德行为就是具有一定道德意义的各种行为，或者说，道德行为是涉及人们利益关系的有道德意义的行为。一般来说，教师的职业行为都具有道德意义，无论善还是恶，都可以成为道德评价的对象。只有把教师职业行为作为实际依据，才能保证高校教师职业道德评价的系统性和公正性。

完整的教师道德行为是一个从动机到效果的过程。教师道德行为评价首先是对行为的动机、效果和过程的考察和判断，只有在对行为的动机、效果和过程的性质、价值准确认识和把握的基础上，才能对教师道德行为整体进行完整的道德评价。

（一）动机

动机是指行为主体在行为之前自觉追求的一定目的或愿望。“它是行为过程的主观方面，包含着对道德理想、道德原则、道德规范乃至人生目的的认识。它是引起行为的起因或出发点，是直接激励或推动高校教师进行职业行为选择以达到一定目的的内在动力。”[①]从道德行为特征来看，一个道德行为的产生，必定先有一定的动机导向。没有动机的行为属于无意识的行为，它不能被看作道德行为，也就不能进行善、恶的判断。动机不仅仅包括对行为结果的意图，而且包括对达到相应结果的手段、过程的选择，并由此成为道德行为的内驱力量以及在实践中转化为效果。在教育实践中，教育行为的效果必定受到内在动机的影响。一般来说，正确的职业动机往往指向正确的职业行为所带来的良好的效果。相反，不良的职业动机往往会使高校教师做出有害的、卑劣的行为。因而，在对高校教师进行职业道德评价时，分析和确认其行为动机善良与否，将直接影响到评价结果。

动机只存在于行为者内心，是个人维持其某种行为的心理状态，所以行为者之外的人根本无法准确知道行为者本人的真实动机是什么。一方面，高校教师职业动机的表现形态可能具有虚假性，我们无法判断其动机和行为是否一致，所以不能单从高校教师的职业动机来评价其职业道德；另一方面，高校教师的职业动机可能具有空想性。动机离不开一定的外部条件，人是由环境决定的，行为是在环境中形成的。高校教师的职业动机无论多么美好、崇高，一旦脱离现实环境，将无法付诸教育实践，只是一个空洞的意向或愿望，不能通过道德行为来证明。由此观之，我们不能只从高校教师的职业动机来评价其职业道德，还要在高校教师的职业行为中观察其动机的变化情况，检验其动机的实现程度。

（二）效果

效果是指行为主体的个别行为或一系列行为所产生的客观结果。动机得到了实现，即为效果。效果反映的是客观存在，是由动机所引发的行为实践及其客观结果。效果既包括与动机相联系的预期目的的实现，也包括高校教师职

① 冯益谦、谢文新：《教师职业道德导论》，华中师范大学出版社2014年版，第74页。

业行为活动的过程及其影响。一个完整的道德行为，是从一定的动机出发到形成一定效果的过程，没有效果的产生，其行为则不能称之为“行为”。

高校教师的每一个具体动机都会以某种效果的形式来完成，而效果是凝结化的目的，是教师职业行为成功与否的标准，所以效果在高校教师职业道德的评价中具有重要的意义。但是，由于效果的好坏与多种因素有关，所以效果的好坏并不能代表动机的好坏。在教育实践中，动机和效果之间的关系是十分复杂的，二者的统一是充满了差异和矛盾的统一。它们之间的差异和矛盾因条件的不同而呈现出非常复杂的情形，概括起来有以下几种：一是好的动机产生好的效果，坏的动机产生坏的效果。性质相同，程度相当，即所谓“如愿以偿”。二是好的动机产生坏的效果，坏的动机产生好的效果。动机和效果性质相悖，即所谓“事与愿违”或“歪打正着”。三是好或坏的动机产生大于或小于预想的好或坏的效果。动机和效果性质相同，程度相异，即所谓“差强人意”。四是好或坏的动机产生好坏相间的效果。动机虽然是单一的，但效果却好坏掺杂，即所谓“一因多果”。由此可知，我们不能仅仅以效果来评价高校教师的职业道德，而是应该权衡动机与效果等进行综合评价。

（三）动机与效果的辩证统一

所谓动机与效果的辩证统一，是指动机和效果是高校教师职业行为的两个要素，二者是辩证统一的。深刻认识动机与效果的辩证统一关系，揭示动机和效果的内在而必然的联系，是进行科学的道德评价所必需的。动机与效果的辩证统一，是一个充满矛盾的以实践为基础的过程。动机是行为产生的主观原因，效果是行为结束时出现的客观现实；动机是行为的起点，效果是行为的终点。二者是相互依存、相互联结、相互贯通、相互转化的。

那么，如何将动机与效果统一起来并借此对高校教师的职业道德进行全面的考察呢？总的来说，我们在对高校教师每一个教育阶段、每一次教育活动、每一个教育行为进行考察时，都要既了解其心意，又观察其成效。一般来说，首先要从效果入手，因为效果是行为发生后的客观因素；但是也要透过效果看动机，找出引起效果的主观因素。同时，在考察动机和效果的联系时，我们必须坚持现实性和长远性相结合的观点，这样才能对高校教师的职业道德作出正确评价。从动机的产生到效果的产生，有一个不断发生行为的过程。行为是由动机到效果的桥梁，我们不能单从某一个阶段、某一活动、某一行为的动机和效果就对高校教师的职业道德盖棺定论。一方面，即使高校教师具有良好的动机，也可能发生不良的效果，但他们必定会在行为中总结经验，吸取教训，开展新的行为，最终达到动机和效果的一致；另一方面，人才培养具有滞后性，好的教育效果并非在当下就能显现，而是在未来才会完全显现。因此，在评价高校教师职

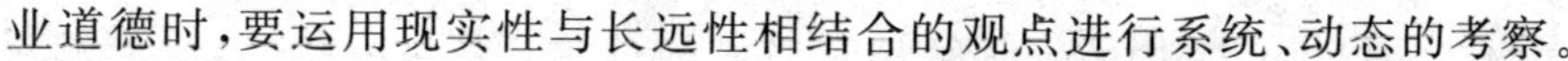

业道德时，要运用现实性与长远性相结合的观点进行系统、动态的考察。

拓展阅读

请阅读徐新洲在《江苏高教》(2019 年第 9 期)发表的《高校教师职业道德规范的伦理审视与考核评价研究》一文。作为实现高校立德树人根本任务的最具体实践者，教师群体的教学能力和业务水平一直是高校对教师考核评价最主要的关注点。在当前社会多种意识形态的冲击下，高校教师群体的职业道德问题日益突出，这不仅影响了全体教师的职业形象，更给教育大计的发展带来了不可忽视的影响。因此，规范高校教师的职业道德，树立高校教师崇高的职业形象，坚持高校教师职业道德规范由“道德思维”向“伦理思维”转变，顺应高校教师专业化的发展趋势，建立健全更加科学合埋的考评机制，对于高等教育事业的发展来说具有重要意义。

第三节　高校教师职业道德评价的途径

高校教师职业道德评价的主体，存在于教育领域之中，也存在于教育领域之外；高校教师职业道德评价的客体，在广义上可以从教育与其外部世界的联系中把握其活动的伦理意义，在狭义上主要从教育内部特别是学校教育内部去认识和评价教师在教育活动中的道德行为和品质的伦理意义。教师职业道德评价活动是在实践基础上于教师职业道德评价的范围内主客体之间相互作用的一个观念化过程。采用合理的途径和方法，是这一过程中的重要内容。

一、高校教师职业道德评价的途径

高校教师职业道德评价是检测和提高教师道德水平的有效手段，其主要途径有自我评价、学生评价、社会评价三种。这三条评价途径相辅相成，共同作用于高校教师职业道德评价。

（一）高校教师自我评价

高校教师职业道德评价中的自我评价，是指高校教师依据一定社会和阶级的教师职业道德标准，通过内心信念对自身外在行为作出善、恶评判的方式。内心信念是人们内心中一定要坚信、遵循的，在人们的道德意识中根深蒂固的道德原则、规范和理想等观念。内心信念是个人道德活动的心理基础，是构成人的行为内在动机的主要因素。道德信念对人的行为有着重要影响，是人们对自己的行为进行自我道德评价的重要依据。社会评价作用因人而异的原因就是道德行为主体内心信念不同。社会舆论和传统习俗作为外在的影响力量，只有通过主体的内心信念才能发挥作用。道德主体的内心信念对外在的社会舆论和传统习俗有一个“过滤”和接受的过程，唯有如此，内心信念所接受的舆论和习俗才有发挥作用的可能。当内心信念与社会舆论、传统习俗发生矛盾时，内心信念的作用更加重要。强调内心信念的作用，并不是否定社会舆论和传统习俗的作用，内心信念始终受到它们潜移默化的影响；没有它们的影响、熏陶和规范，内心信念往往无从产生。

高校教师的自我评价是开展高校教师职业道德评价的首要环节。习近平总书记在全国教育大会上提出，教师要把教书育人和自我修养结合起来。广大教师如果能自觉地进行自我评价，时时反省自己，剖析自己的一言一行，其道德水平一定能得到很大的提升。高校教师自我评价是在教师的内心进行的，它所达到的深度和广度完全取决于教师本身所具有的职业道德责任感和自觉性。曾子曰：“吾日三省吾身。”教师的自我评价便是这样一种形式，通过自省及时检查自身的品行是否得当，有则改之，无则加勉。只有认真开展自我评价，才能有效促进自我评价和社会评价的统一，提高高校教师职业道德评价的质量。高校教师只有严格要求自己，自觉将教师职业道德准则内化于心、外化于行，形成坚定的职业道德意志，才能实现教师人格的升华，做好学生的榜样，为新时代的教育事业培养出品学兼优的人才。

（二）高校学生评价

高校教师职业道德评价中的学生评价是指在师生教与学的相互关系中，学生依据教师职业道德的准则和规范对教师的行为予以善、恶判断的道德评价方式。高校学生与高校教师具有特殊的关系，高校学生既是教师教学活动的参与者，也是教师道德行为的鉴定者。高校学生评价应被视为开展高校教师职业道德评价的一条极为重要的途径。

由于高校学生是高校教师的教育对象，所以通过长时间的接触，学生对教师教书育人的态度、情感、专业技能会有较深入的了解。相较于其他的社会评价者，高校学生与教师教学的关系更密切，对高校教师的评价往往更加中肯，更具现实意义。

高校要给予学生一定的渠道和平台以开展对教师道德行为的评价。开展高校学生评价有利于高校教师接受学生的意见和建议，从而改进教学内容、提高教学质量、规范道德行为。高校教师也应该重视学生对自己思想和行为的评价，学生的意见和评价可以帮助教师正确认识自我，发扬自身长处，提高教学水平。教师也可以从学生的评价中发现问题，改正自己的不良行为，完善自我道德品行，以适应新时代教育事业的发展和人民的需要。

(三)社会评价

教师职业道德评价中的社会评价是一种狭义的社会评价，是指教师所在学校之外的个人或组织对高校教师的行为进行的评价。社会评价通常依靠社会舆论和传统习惯。

社会舆论是指人们用语言或者文字发表对社会生活现象的某种带有倾向性意见的行为。社会舆论讨论的内容多种多样，常见的有政治舆论、经济舆论、道德舆论等，而高校教师职业道德评价中所谈的社会舆论是指人们用语言或者文字发表的对高校教师行为善、恶的道德判断。在社会评价的过程中，人们不断通过各种渠道和方式，从道德的角度对教师教书育人的态度、行为、质量等多方面发表各种各样的意见。这样的社会舆论会对教师的行为起到监督和调节作用，是人们对教师职业道德评价最普遍、最常见的形式。

这种舆论分为两类：一类是自觉的、有组织的舆论，“一般是指利用国家政权所掌握的各种宣传工具对民众进行宣传教育”[①]。比如，每年教师节，国家和学校都会表彰一批优秀教师，在报纸等新闻媒体上宣传先进教师事迹，在全社会宣传和学习他们的精神。另一类是自发的、无组织的舆论，通常是人们遵循生活实践经验和已有的传统习惯而形成的，是一种非正式的舆论，如学生家长私下议论教师品行之优劣。

黑格尔在《法哲学原理》中指出：“社会舆论是人们表达他们意志和意见的方式，是一种巨大的力量。”[②]不管是正式的还是非正式的社会舆论都会对教师职业道德评价产生重要的影响。高校教师应充分重视社会舆论，吸取其中一些中肯的意见，改正自身的不当行为，发扬自己的优秀品质。

传统习惯是指人们在社会生活中长期形成的一种稳定的、习以为常的行为倾向，是调节人们在某些活动范围内活动的一定方式。它受到民族情绪、社会环境的深刻影响，表现出强烈的民族性和地域性，是一种重要的社会因素和重要精神力量。随着我国社会的发展和进步，社会的各行各业都逐渐形成了自己的道德准则和规范，高校教师这一职业也形成了与自己的职业生活相一致的职业传统和职业习惯。比如，教师要坚持因材施教、有教无类的教育理念，教师要有蜡烛般的奉献精神。这些传统习惯对当今高校教师的职业观念、职业理想和职业行为都发挥着不同程度的作用和影响力，是进行高校教师职业道德评价的

---

① 陈静：《教师道德建设》，华中师范大学出版社 2006 年版，第 129 页。

② [德]黑格尔：《法哲学原理》，范扬译，商务印书馆 1961 年版，第 192 页。

重要标杆，在高校教师职业道德评价中具有特殊的作用。现在人们仍常常用是否合乎传统教师职业习惯来评判高校教师行为的善、恶。

二、高校教师职业道德评价的方法

高校教师职业道德评价的方法是否得当，关乎教师职业道德评价的结论是否正确合理。科学的评价方法是实现高校教师职业道德评价意义的重要条件。当前，我国对于高校教师采取多样化的道德评价方法，坚持动态评价和静态评价相结合、定性评价和定量评价相结合、硬性评价和软性评价相结合，始终本着实事求是的精神对高校教师职业道德作出合理、准确的评价。

（一）坚持动态评价和静态评价相结合

在教师职业道德形成的过程中，教师自身的内在信念、外部环境因素的变化都会对教师职业道德的形成产生影响，所以在对高校教师职业道德评价时要对这些可变的因素给予全盘考虑，忽视其中任何一个因素的变化都会对评价的结果造成影响。动态评价是指在进行教师职业道德评价时将教师职业道德的形成和发展视为一个变化的过程。静态评价则是指不考虑客观环境变化以及教师自身的个别行为变化而对高校教师职业道德进行评价，静态评价更注重高校教师在某个时段的道德水平。

动态评价具有长远性，注重教师自身在道德养成中的主体性作用。静态评价具有即时性，侧重于通过评价及时调控教师的行为，提升教师道德水平。动态评价和静态评价作为两种不同的道德评价方法，二者统一于教师职业道德评价，共同作用于教师职业道德评价的过程，缺一不可。

（二）坚持定性评价和定量评价相结合

定性评价是高校综合教师自评、学生评价、社会评价的结果对高校教师职业道德所作出的实质性评定，是高校经过相关部门严格审查之后作出的科学评价。定性评价是重要的师德评价方法，但在其评价过程中要特别注意以下几点：一是要保持评价的客观性、真实性，避免先入为主的成见干扰。二是在评价过程中注意依据的严谨性，充分调研，切忌在依据不充分的情况下贸然对高校教师职业道德作评价。对高校教师职业道德进行定性评价有利于强化教师道德意识，提升教师职业道德整体水平。定量评价是指从教学、科研、社会服务等几个方面制定标准并对教师职业道德水平进行量化打分，同时对其划分等级，以达到激励和鞭策教师以德育人的评价方法。高校教师职业道德评价的过程中要坚持定性评价和定量评价相结合，科学、准确地评判高校教师的道德状况。

（三）坚持硬性评价和软性评价相结合

硬性评价是指依据组织内部制定的师德行为规范、规章制度等约束性指标，对教师的道德行为是否符合这些指标作出客观评价。硬性评价具有较强的约束力，它往往与其他相关的规章制度一起发生作用，通过强制性的措施促使高校教师遵守师德规范，让其不愿也不敢逾越师德红线。2018 年 11 月，为深入贯彻落实全国教育大会精神，进一步推进师德师风建设，教育部印发了《新时代高校教师职业行为十项准则》，为高校教师制定出具体的教师职业行为清单及失范行为处理办法，要求各高校以有力措施坚决查处违反师德行为，对于违反这十项准则的高校教师，在教师职业道德评价时给予一票否决。

虽然软性评价没有硬性评价那么强的约束力，但对于教师行为却具有巨大的隐性影响。在新时代，我国继续深化改革开放，在引进优秀文化的同时，西方资本主义腐朽思想，如拜金主义、享乐主义、极端个人主义也会对我国教师队伍造成不良影响。社会舆论、教师的内心信念等软性评价对于教师行为具有较强的渗透性和感染力，能够帮助教师有效抵制、克服和清除自身的不良思想和行为，提升自身道德品质。

高校教师职业道德评价中硬性评价和软性评价共同作用于高校教师职业道德水平提升的过程，唯有将外部的强制性约束与内部的主动性选择相结合，教师道德水平才能有效提高。

三、高校教师职业道德评价的过程

高校教师职业道德评价的目的在于通过对教师在教育中的道德行为和品质的认知和鉴定，实现对其在教育中的道德活动的调节、激励和升华功能。从教师职业道德评价的作用方式来看，必然存在评价主体选择性地制定评价标准，通过一定的评价渠道和手段采集有关评价对象的道德信息，运用评价标准对其进行分析、比较和综合，从而形成一定的评价结论，并进行相应的反馈活动。这个过程可以分解为对评价对象道德信息的采集、道德评价标准的运用与评价结论的形成、评价结果的“反馈控制”三个环节。

（一）教师职业道德信息的采集

采集教师职业道德信息的方法非常多，可以采用观察法、问卷法、访谈法、个案分析法和测验法等。评价主体直接接触的对象可能是评价对象本身，也可能是知情者。评价主体自身首先必须明确评价的目的和标准，在发挥自身主观能动性的同时不断激发被评价对象的主观能动性，确保采集到的评价信息的全面性、真实性、有效性。同时，必须时刻关注在信息采集过程中出现的新情况、新问题，以便及时对评价的方案进行丰富和更新。

由于教育活动中的道德要求往往来自于社会舆论、教育传统、内心信念这些渠道，所以在采集信息的过程中，人们往往忽视测验法，更多地注重观察法、问卷法、访谈法等方法的运用。但是，测验方法的量化特点，使其评价标准具有确定性和可移植性等优势，所以适度地采用测验法有助于采集信息科学性的实现。

(二)教师职业道德评价标准的运用与评价结论的形成

教师职业道德评价活动的第二个环节，即道德评价标准的运用与评价结论的形成，实质上就是评价者通过鉴定掌握被评者与目标的差距的过程。该过程要求评价者将评价对象的道德现状与评价标准进行比较，帮助被评者分析诊断问题，找出问题症结所在。该过程的要义就在于评价者能否正确认识和坚持评价标准，并在适用标准的过程中根据具体情况调整评价内容和方法，控制评价活动的节奏。根据教师职业道德评价活动的具体需要，可以采用道德素质综合评价法、评语法、操行等递加减分法、情境测验法等方法与技术进行评价。

(三)教师职业道德评价结果的“反馈控制”

教师职业道德评价结果的“反馈控制”环节，是评价者在找出评价对象与评价标准差距的基础上，给评价对象指出努力方向，为被评者改进道德现状而寻求正确的途径、方法和手段，从而开展第二次评价活动。“反馈控制”环节使得评价活动成为一个系统，由于“反馈控制”环节实质上是针对同一评价对象的第二次评价的过程，因而此环节特别强调评价者和评价对象的有效交流。在第一次评价活动过程中，为了保证采集信息的真实性、评价过程的客观公正性，评价者的评价意图和标准在某些情况下必须给予必要的隐蔽。但是，在第二次评价活动中，因为进入了“反馈控制”的环节，要求评价对象必须明确评价工作的目的和意义，从而激发评价对象在“反馈控制”环节中的主体性。通过交流，使得评价活动从一种单向活动转变为双向交互型的活动，从而最终实现教师职业道德评价“为教师改进道德现状”的目的。

高校教师职业道德评价是衡量、判定高校教师职业行为及道德品质善、恶的尺度和准绳。在评价过程中，要对高校教师的每一次教育活动、每一个与教育相关的行为都进行认真观察，做到充分地听其言、察其行、观其效。在教育不断发展、变革的今天，高校教师师德评价还应当对致力于教育教学探索的教师给予特别的支持。在传统观念里，高校教师职业的尊严主要取决于社会公众对教学成果的认同，取决于结果而不是过程。在教育改革日益深入的新时代，高校教师的职业责任不仅在于传播知识，还在于研究和生产知识。要研究和探索，就可能成功，也可能失败。因此，既要肯定成功者，又不能挫伤一时未见显著效果的探索者。高校教师职业道德评价，也一定要为探索者留出应有的空间。

拓展阅读

请阅读刘卫平在《学校党建与思想教育》(2017年第14期)上发表的《高校教师职业道德评价对策探究》一文。高校教师职业道德评价对教师良好职业道德素质的养成具有重要的促进作用。本文从树立科学评价理念、遴选评价指标、构建科学运行机制和建立健全专门的评价机构四个方面探讨了高校教师职业道德评价的对策问题。

思考与练习

一、简答题

1.结合自身学习工作实际,简述高校教师职业道德评价的特点。

2.作为高校教师,你认为应该怎样更好地进行自我评价?

二、材料分析题

为改变对教师的评价方式,突出学生主体地位,真正体现以人为本的思想和教学改革要求,某高校创造性地拟定评价方案和表格,让学生对教师的职业道德行为逐条审核,逐项打分,以此来判断教师的道德行为是否符合学生的实际和教育教学需求,并将其称之为"学生参与评价"。

结合本章的内容及以上材料,谈谈你对"学生参与评价"的见解。

第七章　高校教师职业道德品质的培养

学习目标

1.认识高校教师人格塑造的价值及其良好人格的特征。
2.认识高校教师心理品质的道德价值和优化途径。
3.理解高校教师人格塑造的具体要求。

案　例

美国著名教育家保罗·韦地通过研究概括出了一个好老师人格魅力的12个方面：

一、友善的态度。“他必须喜欢我们。要知道，我们一眼就能看出他喜欢还是不喜欢教书。”

二、尊重课堂内的每一个人。“老师应对我们有礼貌。我们也是人。”

三、耐心。“老师，请您耐心地听听我所提出的问题。在您听来也许可笑，但只有您肯听我说话，我才能向您学习听从。”

四、兴趣广泛。“她带给我们课堂以外的观点，并帮助我们把所学的知识用于生活。”

五、良好的仪表。“我立刻就喜欢他了。他走进来，把名字写在黑板上，马上开始讲课。你能看得出他是熟悉教学工作的。他衣着整洁，事事都安排得有条不紊。她长得并不漂亮，但整节课瞧着她，我没什么反感。

她尽力使自己显得自然。”

六、公正。“老师，只要您保持公正，您对我尽量严格。表面上即使我反对严格，但是我知道我需要您严格。”

七、幽默感。“他讲课生动风趣，幽默活泼，听他的课简直是一种享受。”

八、良好的品性。“我相信她与其他人一样会发脾气，不过我从未见过。”

九、对个人的关注。“老师只和好学生谈话，难道他不知道我也正在努力吗?”

十、伸缩性。“老师，请您记住，不久前您也是学生，您是否有时也会忘带东西？在班上您是否样样第一?”

十一、宽容。“她装着不知道我的愚蠢，将来也是这样。”

十二、有方法。“忽然间，我能顺利完成我的作业了，我竟然没有察觉到这是因为他的指导。”

著名教育家苏霍姆林斯基说:“教育是人和人心灵上最微妙的相互接触。”[①]在这样“最微妙的相互接触”过程中，教育体现着其对心灵塑造的作用。教育家乌申斯基说:“在教育工作中，一切都应当以教师的人格为依据，因为教育力量只能从人格活动的源泉中产生出来。”[②]因此，在做教育工作时，不仅要注重科学策略，更要考虑其艺术性。而所有关于教育的工作都是通过作为人类灵魂工程师的教师来完成的，也就意味着，这份工作对教师自身的灵魂和人格提出了极高的要求。教师们自身的人格特质对学生们的心灵成长和人格形成具有不可忽视的影响力。

第一节　高校教师的人格魅力

“人之足传，在有德，不在有位。世所相信，在能行，不在能言。”一个人被世人争相传颂是因为他道德品质好，而不是因为他地位高。世上的人能够信任他是因为他言行一致，办具体的实事，而不是因为他能说会道。引文出自清朝王永彬撰写的《围炉夜话》，它明示了人格对一个人安身立命的关键作用。

---

① [苏]苏霍姆林斯基:《给教师的建议》，杜坤殿译，教育科学出版社 1986 年版，第 310 页。

② [俄]乌申斯基:《人是教育的对象——教育人类学初探》上卷，郑文樾等译，人民教育出版社 2007 年版，第 549 页。

一、人格

“人格”这个词最早出现在古罗马政治评论家西塞罗的著作中，分为三个层次：(1)一个人给他人留下的印象；(2)一个人的社会身份或角色；(3)一个人的尊严和社会影响力。换而言之，人格是一个人身上展示出来的区别于他人的特征。一方面，如亚里士多德所说，“人在本质上是社会性动物”，这是生而为人的共性；另一方面，以群居方式生活的人，又各有各的区别。因此，除了共同属性外，每一个人还具有专属的特点。

两个人之间的区别固然表现在外貌、衣着等“外观”上，更重要的区别则表现在他们的气质、能力、兴趣和性格等“内饰”上。所谓“江山易改，本性难移”，人的“内饰”部分具有稳定性。因为其有稳定性，所以可作为区别人与人的判断标准。这些“内饰”正是组成“人格”的一部分。追本溯源，中文最开始没有“人格”这个词语，“人格”一词的诞生有一段漫长的演化过程：最开始是拉丁语“persona”，后来衍生出英文“person”，最后在此基础上发展出来的“personality”被译者翻译为“人格”一词并引进到中文词汇中。

实际上，虽然古代中国没有直接对应“人格”的词语，但是有类似“人格”的词语——“人品”，同样是用来概括一个人的特质。常见的评价包括“圣人”“愚人”“君子”“小人”等，源于宋代史学家司马光在《资治通鉴》中的一段著名的“德才论”：“是故，才德全尽谓之圣人，才德兼亡谓之愚人，德胜才谓之君子，才胜德谓之小人。”(《资治通鉴·周纪一》)

随着中西文化的传播与交融，“人格”一词逐渐演变、融入中文语境，其释义不仅囊括了中文里“人品”的内涵，还具有了英文里的内涵。综合发展的结果是，“人格”一词的定义逐渐清晰。正如著名历史学家、教育家傅斯年所说：“须知，人格不是一个空的名词，乃是一个积累的东西。积累人格，需要学问和思想的成分很多。”“构成人格，所需要的数据总和是建立在一个人所拥有的生理基础之上，受到家庭教育、学校教育和社会教育等多方面影响，而逐渐形成的个人化气质、能力、兴趣和性格等心理特征总和。”①

二、人格魅力

人格魅力是一个人在性格、气质、能力、道德品质等方面具有的吸引他人的力量。更详细地讲，人格魅力是指一个人的人格整体呈现，包括但不限于信仰、气质、品德、才智、能力、兴趣和性格等方面汇聚而成的极具吸引他人、影响他

① 李亚男：《教师的人格修炼》，东北师范大学出版社2010年版，第1页。

人、感召他人的力量。

（一）人格魅力是一种信念的力量

拥有坚定信念的人，是团队灵魂人物的存在，是团队前进的方向和动力，能够带领团队在困惑中求得答案、在黑暗中寻找光明、在艰难中求取生机。15世纪末，一支船队在茫茫大西洋上航行着。由于离海岸越来越远，又看不到着陆的希望，水手们开始沮丧、失望，有的甚至精神崩溃、跳海身亡，但船队首领哥伦布凭着对“地圆说”的坚强信念，鼓舞水手们继续前进，最终发现新大陆并成功返航。哥伦布在他的航海日记中记载了这样一句话：“或许一年两年，也许几个世纪，但它一定会漂到西班牙去，这是我的信念。”

（二）人格魅力是一种凝聚的力量

拥有强大凝聚力的人，能够极大地感染团队成员的情绪，使大家凝心聚力，形成一个有核心、有目标的战斗集体。《五帝本纪》记载：“舜所居，一年成聚，二年成邑，三年成都。”“四海之内，咸戴帝舜之功。”通过这些文字，我们看到了舜帝强大的凝聚力。据史书记载，舜帝在部落当中的凝聚力主要来源于其自身以德报怨、恭谦礼让、助人为乐、诚实守信的人格魅力。在现实生活中，如果团队负责人仅仅凭借自己所处的职位和权力驭使下属去工作、去完成任务，很难收到良好的管理效果。反之，如果团队负责人以自身的学识、才能等所形成的人格去吸引下属，使他们自发跟随，就能够激励大家热爱工作、主动工作。

（三）人格魅力是一种感召的力量

人无贵贱之分，但人格有高下之别。高尚的人格能让拥有权力者信而有威，卑劣的人格会使拥有权力者“威”而无信。有研究人格与领导力科学的学者得出一个公式：领导魅力＝99％的个人影响力＋1％的权力。该公式极言人格的重要性。领导者的人格魅力是一种超然于权力之上的影响力。它蕴于内而显于外，是外在与内在的一致、才智与情愫的融合、行为与修身的统一。一个充满人格魅力的领导者，言之足以服人，召之足以率人，行之足以示人，德之足以化人。

三、高校教师人格魅力的价值和特征

人格魅力是教书育人必备的本领和才能，也是教师为人师表必需的修养和从教素质。高尚的人格魅力具有十分重要的价值。高校教师人格对学生人格的形成能够起到培育、引导和促进作用。

（一）高校教师人格魅力的价值

教师要教育学生成为德、智、体、美、劳全面发展的人才，必须具有良好的人格魅力，并充分发挥人格魅力的潜在教育价值。生命的品位、灵魂的境界取决于人格。教师的人格既包含教师群体共有的普遍性心理品质，又包括每位教师作为独特的个体所特有的风格和气韵。前者是教师人格的基本构成,具有公共性和稳定性;后者是个体人格的独特构成,具有特殊性和个性化倾向,两者合成了教师鲜明与丰富的人格魅力。人格魅力的主要价值表现在:一是教师人格能促进学生良好品质的形成。这本身就是对学生的价值渗透,使学生加快对某种价值的选择。教师人格会对学生产生强烈而持久的影响,使学生的价值选择得以确认。二是教师人格有利于教育学生进行价值选择。"身教重于言教","榜样的力量是无穷的",讲的就是这个道理。教师的表率对有强烈模仿性的学生更具有感染力,使教师思想、行为、作风和品质在学生的价值选择中。

高校教师人格由教师的理想精神、敬业态度、情感立场、道德情操和意志品质等组成,代表着以塑造民族未来为己任的职业群体价值取向。事实上,每位高校教师均有其人格的独特性和个性化倾向,如豁达大度、昂扬乐观、平易柔和、风趣幽默、多智善断、热情奔放等。这些不同的个性赋予高校教师个体生命鲜明的本我色彩,并且也有效地感染和影响学生个性的形成。如何不断充实、不断超越,从而塑造出出色的人格魅力,是摆在我们每一位高校教师面前亟待解决的课题,也是一门值得每一位高校教师学习的隐性课程。

(二)高校教师人格魅力的特征

高校教师要教育别人,自己要先受教育;要照亮别人,首先自己心中要有光明;要点燃别人,首先自己心中要有火种。在教育影响的因素中,高校教师的人格是重要的、强有力的教育因素。高校教师人格对学生人格的形成能够起到培育、引导和促进作用。因此,高校教师应该具备高尚的人格。通常表现在以下一些方面:

1.完美的品德修养

品德在教师人格中起到的灵魂作用,是教师不断奋进的内驱力源泉。宋代陆九渊说:"师者,人之模范也。"教师肩上挑着祖国的未来、人民的希望。他们把教育事业看作自己的生命,严于律己,为人师表,以高尚的道德为标尺衡量自身、规范言行;他们说话掷地有声,办事言行一致,不姑息错误,不掩饰失误;他们为人正大光明,处世廉洁自律,对学生宽容、大度,是学生的良师益友。

2.渊博的知识

教师作为人类文化科学知识的创造性传播者,教书育人是其基本职责。因此,教师必须具备合理的知识结构。高校教师必须精通自己所教的学科,因为现在的大学生已经不能满足仅从书本、课堂、学校获取知识,他们渴望更广阔的世界。因此,要满足学生的要求,高校教师就要有比较广泛的知识。学科知识要专,相关知识要博。另外,高校教师还要有较强的教书育人的能力,不是所有有知识有文化的人都可以担任教师,他们必须具备良好的表达能力、沟通能力、协调能力。

3.强烈的社会责任感

爱教育，是教育力量的源泉，是教育成功的基础。教师从事的是一种能够把人的创造力、想象力和能量、智慧发挥到极限的、永无止境的事业。因此，热爱教师职业，把握教育的真谛，全身心地爱学生，是高校教师人格的具体表现。不论在课堂上，还是在课堂外，教师与学生的交往都表现出真诚、信任的积极态度，关注学生人格的形成和健康成长，从而得到学生的尊重与接纳。

4.良好的自我调控能力

自我调控系统是高校教师人格中不可缺少的部分，其表现有三：一是积极、正确地认识自我和认识他人。正确认识自我的教师，能恰当地评价、接受自己和他人。二是具有丰富的情感及调控能力，富于同情心。热情的教师往往能建立良好的师生关系，在教育实践中，他们始终保持良好的心情，对待学生热情、真诚。教师具备良好的情绪调控能力，能控制和掌握学生的情绪、情感，为成功的教育创造健康的环境。三是具有坚韧不拔的意志力。坚强的意志力帮助教师面对烦琐的工作不退缩，保持对学生的耐心。更重要的是，为学生树立了意志坚定的榜样。

5.富有创新精神

教师的人格魅力在于其对事业的不懈追求、勤于学习、勇于创新。创新的关键在教育，教育的关键在教师。高校教师的创新意识表现为：在教学实践中，以人为本，不断改革，主动研究学生特点，启发学生思维，创造性地完成教学任务。

6.较强的合作意识和协调能力

竞争基础上的合作，合作基础上的竞争，是现代社会的显著特征。现在的学生处在非常复杂的社会环境中，受到各方面的影响和考验，所以教师要通过多方面的合作，协调各方面的力量来共同培养学生。教师与教师之间的合作、教师和学生的合作、教师和学生家长的合作、教师和学校领导的合作等都是教师在教育学生过程中必须进行的合作。教师要善于和学生沟通，善于和领导、同事、家长沟通，以便形成教育的合力。这种合作意识和协调能力，对于学生合作精神的形成，具有极强的示范作用。

总之，高校教师人格魅力的表现是多方面的。高校教师必须是文化科学知识的传播者，是学生步入社会生活的引路人，是社会精神文明的建筑师，是人类灵魂的工程师。他们为人类的文明、社会的进步、文化科学技术的发展作出了杰出的贡献。

拓展阅读

请阅读郑杰撰写的《给教师的一百条建议》。文中指出，教师要做一个完整的人，教育有没有永恒不变的东西呢？一定是有的，否则教育的继承性就要受到怀疑。那永恒不变的东西就是“人性”，也就是不同于其他生物体的人的基本特性。

第二节　高校教师的个性心理品质

教师是人类灵魂的工程师，是人类先进文化的传播者，担负着培养社会主义现代化建设者和接班人的重要使命。教师不仅要熟练地掌握、运用教育规律和现代化的教学手段、向学生传授科学文化知识和专业知识技能，而且还必须具备良好的心理品质、用自身的人格力量来教育影响学生。教师的心理品质是指自身在心理过程和个性心理两个方面所表现出来的本质特征。这种本质特征将通过教育教学对学生产生深刻的影响，对学生的成长成才起到非常重要的作用。

一、高校教师个性心理品质的含义

“个性心理品质指的是具有独立意识的人在实践活动中表现出来的，能够自主地决定其行为倾向与活动方式的稳定且本质性的一系列心理品质的总和，包括心理过程和心理特征。”[①]所谓心理过程是指在客观事物的作用下，心理活动在一定的时间内发生、发展的过程，通常包括认知过程、情绪情感过程和意志过程三个方面。认知过程是指人以感知、记忆、思维、想象等形式反映客观事物的性质和联系的过程；情绪情感过程是人对客观事物的某种态度的体验；意志过程是人有意识地克服各种困难以达到一定目标的过程。心理特征是指人的多种心理特点的独特的结合，个体经常、稳定地表现出来的心理特点。心理特征比较集中地反映了人的心理面貌的独特性、个别性，主要包括能力、气质、性格。特定的社会环境会使人们产生独特而稳定的心理品质。因此，高校教师的个性心理品质就是指从事高等教育工作的人们所特有的在长期的教育实践、科

① 王静喻：《教师心理品质特征探析》，《贵州工业大学学报（社会科学版）》2006 年第 4 期。

学研究活动中养成的特殊的心理品质，如认知、情感、意志、兴趣、能力、性格等。

二、高校教师个性心理品质的内容

高校教师个性心理品质主要包括良好的认知、广泛的兴趣、丰富的情感、坚强的意志和综合的能力等，我们将结合高校教师的人才培养、科学研究、社会服务、文化传承创新、国际交流合作这五大职能来论述其个性心理品质的内容。

教师的认知品质可以概括为两个方面：一般认知品质和社会认知品质。教师的一般认知品质主要表现为：对丰富多元的知识信息的筛取、理解和接受能力强，观察力敏锐、全面和准确，善于分配自己的注意力，记忆力清晰，具备创造力和创新精神，想象力丰富。社会认知品质主要指人际认知和自我认知。人际认知主要是对教育对象，即学生的感知以及对所处的社会环境中人际关系和社会事务的感知，有助于教师及时调整自己的教育行为，协调各种社会关系，为顺利开展教育活动创造良好的师生关系，为社会发展贡献力量。而自我认知是对教师这一社会角色的历史使命、社会价值等的物质自我、社会自我和精神自我的全方位感知，可以使教师在教育活动中准确把握自己的社会角色，充分满足学生和社会发展的需要，达成预期的教育教学效果，促进经济社会的发展；同时，还可以进行自我评估，根据教育教学目的的需要不断地完善和发展自身，加快自我成熟，使自己成为一名合格的人民教师。

兴趣是人认识某种事物或从事某种活动的心理倾向，它以认识和探索外界事物的需要为基础，是推动人认识事物、探索真理的重要动机。教师应当具备广泛、稳定且持久的兴趣品质。教师对自己的研究领域要保持长久的钻研和创新的兴趣，主动关注并研究理论前沿知识，并以此为中心不断延展辐射，逐渐扩展兴趣圈。大学生的求知欲较强，对所学专业以及相关学科有较大的兴趣，有形形色色的问题需要教师解答，所以兴趣广泛的教师才可能满足学生的多样需求。由此可见，教师兴趣的形成，一方面缘于提升自我水平的需要，另一方面缘于教育活动过程中受到的外界刺激和激励。教师形成广泛的兴趣，不仅对自身有调剂生活、陶冶情操、培养能力、扩大视野等作用，而且是促进学生个性发展的教育手段，能够帮助教师与学生在更广泛的领域里建立共同语言，培养师生感情，为全面完成教育教学创造良好环境，为培养多元类型的学生、激发社会的活力作铺垫。

教师不仅要具备丰富而高尚的情感，而且要动员自己的精力和能力，为实现教育教学目标而奋斗。情感是指人对客观事物是否满足自己的需要而产生的态度体验，更倾向于社会需求欲望上的态度体验。“丰富”是指情感的延伸范围和积累程度；“高尚”是指情感的社会倾向性，即情感的基本价值取向是倾向社会的。具体而言,教师应有丰富而高尚的社会主义情感,主要是指教师对中国共产党、中国特色社会主义的热爱以及对共产主义社会的向往。教师应有丰富而高尚的审美情感,主要表现为具备独特且正确的审美观,追求符合人类共同审美需要的美好事物,追求符合社会主义道德规范的审美情趣等。教师应有丰富而高尚的理智情感,包括对真理和知识的不懈追求,憎恶一切违背真理和道德的行为,热爱并支持一切正义的事业,反对一切非正义的行为等。其中,最基本的情感便是对教育和学生的热爱,教师要将这份浓郁而厚重的情感灌注于教育教学活动中,不断地鞭策自己有所创造和成就,感染和激励学生,营造热烈的上课氛围,实现教育教学目标。

"意志是个体自觉地确定目的,并根据目的调节,有意识地支配自身的行动,克服困难,实现预定目标的心理过程"①,是人们改造客观世界和主观世界、发展综合能力必不可少的心理品质。这对于教师完成教育教学任务有着重要意义,它要求教师行为要表现出极强的目的性、果断性、坚持性,克服随意性和盲目性。具体来说,教师要有明确的目标和力求达到这一目标的意志坚定性,对教育事业深明大义、信念坚定,使自己的行为完全符合正确目的,始终朝着教育事业目标一步一个脚印地走下去,为实现最终目的而努力拼搏,做到"矢志不渝,持之以恒"。"世上最难的工作就是育人,所以教育工作的困难是普遍存在的。毅力顽强的教师在困难面前能够百折不回、坚韧不拔。意志薄弱者就会沮丧泄气、一蹶不振。"②顽强的毅力,是教师高度负责精神的体现,也是教育事业对教师的必然要求。

"能力是指一个人相对于某事物而言,能够给此事物创造的利益。能够给此事物创造的利益的大小,就是此人相对于该事物而言能力的大小。"③能力是直接影响活动效率和使活动顺利进行的个性心理特征。教师的教育能力是指教师为成功地进行教育教学活动所必须具备的能力。教师应锻炼出综合的能力,主要有以下几种:一是组织教学的能力。它主要表现在设计能力、施教能力、控制能力和应变能力上。二是言语表达能力。语言是教师传授知识的基本工具,语言表达能力是提高教育教学水平的关键条件。三是了解学生的能力。教师不仅要在课堂上鼓励学生发言,还要了解学生的性格和兴趣,从而为进一步引导学生研究事物作铺垫。四是独立创造和科研的能力。高校教师不仅是知识的传授者,也是知识的创造者,所以在科学研究过程中,一定要独立思考,

---

① 贾亚青:《个性心理品质与成才》,《人才资源开发》2011 年第 1 期。

② 蒋笃运:《浅议教师的个性心理品质》,《河南师范大学学报(哲学社会科学版)》1989 年第 3 期。

③ 郭黎岩:《心理学》,南京大学出版社 2002 年版,第 319 页。

在充分借鉴、吸收前人优秀成果的基础上，形成自己独特的风格和理论成果，有所创新和发展。五是快速反应能力。教师在教育教学活动中要随机应变。六是人际交往能力。教师要给予周围的师生充分的尊重，展现自己儒雅或豪迈的良好风度，积极进行融洽的学术和思想交流，互促互进；良好的人际交往能力对于教育事业发展也具有重要作用。七是服务社会、传承文化的能力。

三、高校教师个性心理品质的道德价值

道德价值是指个人行为对于他人和社会所具有的道德上的意义。对于教师而言，实现其道德价值的途径即是提高教学质量、培养大学生的健康人格、凝聚高校的良好学风，进而实现自我价值。教师良好的个性心理品质对于教师自我道德价值的实现有着至关重要的作用。

（一）教师良好的个性心理品质能够促进教学质量不断提升

教学质量是最直接反映教师自我价值的方式。良好的个性心理品质对于教师做好科研和讲好课程、在课堂上尽心传授知识、营造浓郁活泼的学风都有良好的促进作用。

1.浓厚的职业兴趣能促进高校教师的科研和教学

对于教师来说，职业兴趣也是至关重要的。做科研是一件艰难而又枯燥的事，做好科研需要有远大的志向、丰富的专业知识、坚韧不拔的毅力。这些都需要浓厚的职业兴趣作基础。在授课时可能会出现学生课堂反馈不强烈、课程成绩不理想等情况，教师的积极性也会受到一定的打击。但是，只要教师不忘初心，保持自己对职业的浓厚兴趣，终会找出与这些问题相应的解决方法。

2.充沛的教学情感能促进高校教师在课堂上尽心传授知识

情感是建立在兴趣之上且对兴趣进行巩固的状态，充沛的教学情感是教师教学的动力。在做课堂准备时，充沛的教学情感让教师把自己百分之百的精神拿出来，不会有丝毫懈怠。在课堂上，充沛的教学情感能帮助教师调整自我状态，以饱满的精神状态在学生面前做知识的讲授者。面对课堂上突发的教学问题或者学生并不积极的反馈，教师也能积极地作出调整，并带动学生更好地开展课堂教学。

3.良好的综合能力能促进高校教师营造浓郁活泼的积极学风

这里的学风涵盖了两个群体：一是学生群体，二是教师群体。学生学习风气的好坏对于一所大学的风气好坏至关重要。一所拥有良好学风的大学，所培养的学生必定有认真的学习态度、勤奋刻苦的学习毅力、虚心踏实的学习风格和科学严谨的学习方法。而教师群体是学校学风建设的灵魂所在。只有教师群体的学风浓郁，才能帮助整个学校营造浓郁的学风。在这个过程中，教师不

仅自己要对学术研究和教学活动保持强烈的兴趣和百折不挠的精神，还要多进行交流，这需要教师具有良好的综合能力。只有这样，才能使教师队伍凝结成为一个整体，达到一加一大于二的效果。

（二）教师良好的个性心理品质能够促进大学生人格的形成

大学对于学生的人生而言有着非常重要的作用，而教师就是他们这一段路的领路人，教师良好的个性心理品质能够促进大学生人格的形成。

1.高校教师良好的个性心理品质影响学生非智力因素发展

非智力因素，是指人在智慧活动中不直接参与认知过程的心理因素，包括需要、兴趣、动机、情感、意志、性格等方面。大学阶段对于学生本身而言是一个重要的时期，学生开始参与更多的社会活动，人际交往活动也更为复杂。教师是学生心中的楷模，是学生学习行为的引导者和生活行为的指导者。教师在课堂上也可以对学生的行为进行一定的指导，让学生明白只有培养良好的习惯、浓厚的生活工作热情，才能更好地独自面对社会。

2.教师良好的自我认知促进大学生形成完整，完善的人格

“主体的自我认知和自我评价活动是与其自我意识活动中通过自我认知和评价等‘反观自我’的意识之光使其心理思维发生机制在动态发展的过程中逐渐地由自在、自发而达自觉。”[①]教师自我认知的完善，即对自我人格认知的完善。教师良好的自我认知可以培养学生良好的心理素质，让学生更好地认识自己，对待挫折冷静分析、正确处理，提高抗挫折能力。教师良好的自我认知可以培养学生树立远大理想。教师在良好自我认知的推动下，会以自己在学术上作出突破和实现教师自我价值作为目标。而对于自我认知不是很完善的学生来说，教师在课堂上对学术的敬畏和对远大理想的憧憬，以及与学生交流中对自我实现观念的传递，都有利于学生形成远大理想，并在树立远大理想之后坚定不移、脚踏实地地实现理想。

3.教师坚定的意志推动大学生优良学习生活能力的形成

优良的生活能力对于大学生而言，一般是指独立生活的能力和拥有良好人际交往关系的能力。进入大学后，部分学生会有很多不适应。在这个过程中，坚强的意志就显得尤为重要。教师作为学生的领路人和指导者，具备坚定的意志，对学生的指导是良性的。教师可以在课堂上就增强学习能力进行引导，比如，创造课堂讨论和上台发言的机会，强调学习在大学生活乃至人生中的重要性，让学生对大学学习有清晰的认识。对于生活上的问题，教师在学生寻求帮助时应进行积极的协助，通过坚强意志的传递，以身作则，让学生掌握学习生活

① 张元：《自我认知的实现路径》，《宁夏社会科学》2013年第5期。

中必备的技能，形成良好的学习、生活能力。

（三）教师良好的个性心理品质能够促进良好学风的形成

良好学风可以推动学生和教师的学习和工作，而良好学风的形成需要教师良好个性心理品质的带动、传递和改善。

1.良好的个性心理品质通过优良的教风带动学风

“一所学校的育人氛围很大程度表现在教风上，优良的教风是建设优良学风、保证人才培养质量的重要基础。”[①]学风即学校的学习风气，教风是学风的重要组成部分。高校教师个性心理品质包括良好的认知、广泛的兴趣、丰富的情感、坚强的意志和综合的能力。良好的自我认知使教师明确自己的教师定位，即教书、育人、做学问。当自我内涵达到一定高度，就会有知识的输出。这种输出表现在两个方面：一方面是将自己对知识的感悟写下来作为论文或其他作品发表，得到学术界的认可；另一方面是将自己学到的知识和感悟向学生讲授，让学生传承自己对知识的认识。这两个方面的输出表现与教师知识输入表现相统一，使教风的形成有了良好的渠道。在教风形成的过程中，教师对学术坚定不移的认真态度会感染学生，从而带动整个学校学风的形成。

2.良好的个性心理品质传递优良的治学精神、态度与原则

裘锡圭提出治学的精神有：实事求是，不怕苦，持之以恒；在学术问题上对己严格，对人公平。良好个性心理品质形成完整人格，外化为行动后，处处体现其人格。对于教师来说，这种行为多表现在教学和学术建设上。在教学中坚持严于律己，将自己所领悟的知识传递给学生，这个传递过程必然会有其对知识态度和原则的流露。优良的治学精神、态度和原则有助于形成优良的学风和良好的院风、校风。培养高素质人才是高校建设中必不可少的要点，这个要点的着重点即在教师的自我修养过程中。

3.良好的个性心理品质用“看不见的课程”改善学生精神风貌

对于教师自身而言，在其行为过程中，良好的个性心理品质会对其自身行为过程中好的地方进行强化，不好的地方进行改正。“看不见的课程”就是指教师在对学生的教学过程中，用自身的实事求是和一丝不苟的求学求知态度等影响学生，让学生在看得见的知识教学过程中，伴随着看不见的态度、原则、精神等方面的教导，耳濡目染地从自己身上学习到如何做人、如何做事。

---

① 李秋华：《现代职业教育发展背景下高职院校的教风建设》，《中国高教研究》2013 年第 11 期。

四、高校教师个性心理品质的优化

高校教师的个性心理品质是教师才智、德行、技能的总和，优化高校教师个性心理品质需从以下几个方面入手：从根本上确立正确认知，在实践中发展广泛兴趣，培养高尚情感，锻炼教师顽强意志，最后促进高校教师养成全面能力。

(一)树立正确的认知

认知是指人们获得知识并进行信息加工的过程，是人的最基本的心理过程。作为基本心理过程，认知支配了人的大部分行为。只有树立正确的认知，才能有良好的实践效果。树立正确的认知包括确立积极的人生观、正确的职业观并进行教育反思。

1.夯实根本，确立积极向上的人生观

人生观是高校教师个性心理品质中的核心要素，它不仅直接决定教师的人生方向，而且制约着人生价值。人生观决定着人生方向和人生价值。高校教师树立积极的人生观，要有正确的人生目的、高尚的人生价值、端正的人生态度。要把教育事业作为自己能够为之奋斗终生的伟大事业，树立身为教师的职业光荣感和使命感，勇于担当起党和人民赋予的责任和使命，为之鞠躬尽瘁。要把为党育人、为国育才作为人生最大价值，牢记立德树人的根本任务，以学生为中心，履职尽责、教书育人，促进学生德、智、体、美、劳全面发展，培养堪当大任之才。要有为教育事业献身的崇高精神，不为个人之名，不贪个人之利，积极乐观地看待工作，理性平和地开展工作，为教育事业发展作出自己的贡献。

2.提高教师操守，树立正确的职业观

教师职业是培养人、教育人、塑造人的职业。高校教师可以从职业操守、职业心理、职业态度三个角度树立正确的职业观。遵守职业操守，做好人生本职。教师的本质是“学为人师，行为世范”。高校教师应把自己的职业当作事业，做好人才培养的本职工作，并抱有强烈的职业光荣感、历史使命感和社会责任感；在做好人才培养的同时，也注重科学研究，以自己的研究成果回报社会；爱岗敬业、忠于职守，自觉履行教书育人的本职，以高尚的情操、满腔的热情去教育引导学生全面发展。调整职业心理，具备积极心态。在工作中积极调整自身的心理，努力在工作中获得幸福感和成就感。摆正职业态度，耐心教导学生，因材施教。鼓励学生取得进步，正确对待学生的退步。除了摆正教学态度，还应摆正科研态度，在科研中保持务实精神，而不是一味追逐成果奖励。

3.进行教育反思，调节不合理的教学模式

教育反思是指教师对教学实践的再认识，只有经过反思才能发现自己在教学中的不合理之处，并加以调节。“教育反思需要进行专门的练习，反思的内容

包括对教学实践、教学关系、教学理念的反思。”[①]反思教学实践，要求教师对教学活动展开过程中所使用的工具、方法等进行总结检讨。教师通过对自己的行动轨迹进行整体、细致的回溯，发现问题和不足，探寻更佳的方案。反思教学关系则是指教师对自己实践效果的反思。教师需要对整个实践所取得的成效进行价值判断，从学生的角度判断他们对教学的满意程度，再从教师自身的角度判断价值感受。通过考察自身教学中的不足并分析原因，在下一次教学中进行修正。教师易被自己原有的教学理念影响，需要经常反思自己的教学理念是否不足，并不断学习和补充新的理念。通过对自己实施的教学活动、运用的教学理念进行反思，教师不断调整理念，运用先进的教育理念指导教学。正如西班牙谚语所说：“自知之明是最好的知识。”教师只有通过各方面的自我反思，才能更好地认识自我，从而更好地去认知别人。在反思后，还应采取相应的整改措施，对不合理之处进行调整，不能毫无作为，忽视不合理之处。

（二）发展广泛的兴趣

高校教师是学生进入社会前的重要引路人，所以教师需要发展一些与时代和社会接轨的兴趣，尤其要考虑学生对这方面的需求，而不能一味追求个人感受，忽视其他方面的需要。以文化影响学生，使学生对知识有更深刻的理解。至于那些不利于自我成长的兴趣，就要用坚强的意志和毅力去克服和纠正。兴趣是智慧的火种、求知的源泉和成长的推动力。高校教师只有综合考虑职业发展需要，才能扬长避短，作出正确的选择。

居里夫人说：“好奇心是学者的第一美德。”好奇心是兴趣产生的基础。兴趣总是从好奇开始，好奇心常常来得很快，但消失得也很快，于是兴趣也减退了。高校教师要使兴趣不断发展增强，就要始终保持好奇心；而要保持好奇心，就要像伟大的科学家那样，善于积累知识并提出疑问，向事物未被研究的方向发展，不断进行探究。积累知识是提出疑问的第一步，只有通过强大的知识积累，才能逐渐发现问题。只有通过积累知识和提出问题来保持好奇心，教师才能发展自己的兴趣。将提出的问题在生活中具体操作与实践，可以通过教学实践，也可以通过科研实践，或者在奉献社会的志愿活动中实践。实践的方式多种多样，只有不断验证，才能发展兴趣并扩展出更广泛的兴趣。

（三）培养高尚的情感

情感是人对客观事物的态度体验及相应的行为反应。作为一名教育工作者，教师本身必须既是一名学识渊博的“智能人”，又是一名情感趋于完善的“情感人”。正如德国教育学家第斯多惠所说：“谁要是自己还没有发展培养自己的

---

① 朱梦华：《西方视域中的教师反思、内涵、价值与实践路径》，《教师发展研究》2018年第2期。

情感,他就不能发展和培养别人的情感。”[①]高校教师可通过追求高雅情趣、树立积极的生活态度、重视良好的人际交往、保持良好的心境来培养高尚的情感。

1.追求高雅、健康的情趣

高雅、健康的情趣来源于日常生活,高校教师培养高雅、健康的情趣需要丰富自我的物质生活和文化生活。丰富物质生活,离不开积极乐观的人生态度和努力奋斗的精神。只有努力奋斗,才能用自己的汗水创造美好的明天,并收获应有的回报。丰富自身的文化生活,则需要教师努力学习科学文化知识,用科学文化知识指导生活。除了自然科学,教师还应该注重对人文社会科学的传承,利用科学文化武装自己。通过不断学习科学文化知识,丰富文化生活,丰富自己的精神世界,在生活中追求高雅的生活情趣。除了丰富自己的生活,教师还应善于将好奇心转化为浓厚的兴趣,利用兴趣来培养高雅的生活情趣,利用兴趣来提升生活情趣、陶冶情操。通过高雅的兴趣,保持积极、乐观、上进的精神状态,才能收获高雅的生活情趣。

2.树立积极的生活态度

树立积极的生活态度需要确立正确的人生目标,拥有积极、正确的人生目标。唯有如此,生活才有价值。只有为自己制定了奋斗的目标,才会让自己拥有为之奋斗的勇气和积极努力的心态。高校教师应树立教书育人、科学研究与奉献社会统一的目标。一个人的成功,离不开他不畏困难、积极进取的心态。只有在正确人生目标的指引下努力奋斗,获得成果后才能树立积极的生活态度。除了自身条件,外在事物也会影响人生的态度。在生活中,教师应该善于与家人、朋友、学生等沟通,与积极的人多交往,在潜移默化中树立良好心态。

3.重视人际交往

不良的人际关系常常给教师带来严重的身心困扰。“教师在紧张繁忙的工作之余,希望拥有一个宽松融洽的人际交往环境,教师的心理预设对其人际关系交往有较大影响。”[②]因此,建立良好的人际关系需要调整自己的心理预设。教师在人际交往中,会遇到很多有着不同成长轨迹与兴趣爱好的人,对于这样的人应该包容接纳,尤其是对自己的教学对象不要轻易下判断,更不要固化对别人的看法。除了宽容接纳,还应换位思考,设身处地地去感受对方的情感体验,减少因不理解而带来的矛盾冲突。除了必要的尊重和换位思考,教师还应多与人沟通合作,尤其是与同事和教学对象合作。在教学中合作,在科研中合作,在建立良好同伴关系的同时发展深厚友谊。教师的工作从不是孤立的,通

---

① 邓友霞、刘定邦:《情感是诱发学生道德高尚的纽带》,《读与写(教育教学刊)》2011 年第 12 期。

② 胡艳:《改善教师人际关系的新视角》,《辽宁教育》2015 年第 12 期。

过交流与互信，与他人密切合作，既有利于自身工作的开展，还能在工作中建立互信关系，与他人构建良好的人际关系。

4.保持良好的心境

一个人如果能经常维持像孩子一般纯洁的心灵，用乐观的心情做事，用善良的心肠待人，光明坦白，他的人生一定比别人快乐得多。高校教师保持良好的心境，既能增强自信，还能给学生带来良好的教学体验，促进自我不断走向成功。“高校教师要学会保持愉悦心境，就必须加强愉悦心理训练，可采取喜爱和接受自己、喜爱和接受教师身份、学习调适情绪的技巧等心理行为方面的自我训练。”[①]喜爱和接受自己，指的是既接受自己的优点，也要接受自己无法弥补的缺陷；对自己的不足不过分自责，而是采取积极的补救措施，不将对自己的不满或自责的态度投射到外界或别人身上去。除了接受自己，教师还应接受自己的职业。高校教师应喜爱和接受教师身份，热爱教育事业。除了接受自我和职业，教师还应学会调整自己的情绪，以适当的方式释放情绪，通过与他人交流转移不良情绪，不把情绪带到工作中。

（四）锻炼顽强的意志

顽强的意志是高校教师培养高尚情感、养成广泛兴趣的重要保障。只有拥有顽强的意志，教师在教育中才能不忘教育初心、坚持自我、抵御消极影响。顽强意志的养成需要有远大的理想和深厚的情感支撑，还需要自觉消除不良品质，并通过系统、有效的方法来训练。

1.树立远大的教育理想

习近平同志在北京师范大学与师生座谈时，提出做“四有好老师”，其中第一点就是“有理想信念”。树立远大教育理想需要加强师德教育，勉励教师树立崇高的教育理想。师德决定了教师对学生的热爱和对事业的忠诚，决定了教师执着的追求和人格的高尚。教师需要认真审视自己所从事的教育工作，认真思考自己所从事的职业价值和职业要求，认真确立自己的人生追求，进一步坚定崇高的教育理想。树立远大的教育理想还离不开教师对自己职业成就感的提升。职业成就感带来职业满足，职业满足造就职业幸福，职业幸福强化职业理想。教师应合理地规划自己的职业生涯，在职业工作中提升自我，实现自我价值，提升自我在职业中的幸福感知度，通过加强师德和提升职业满足感来树立远大的职业理想。

2.培养深厚的教育情感

高校教师要培养深厚的教育情感，需要树立“四心”：热心、良心、爱心、恒

---

① 王家成：《教师应学会保持愉悦心境》，《人民教育》2010 年第 2 期。

心。热心指的是对自己所从事的事业的热爱,这个“热爱”也可以解释为:敬业,专心致志,以事其业。良心是指教育工作者要“凭良心做教育”。在良心的影响下,才会派生羞耻心、责任心和事业心。爱心是指用爱心去教学,用爱心去浇灌,用爱心去体验。高校教师的工作充满挑战,需要教师对事业永远保持热心和恒心,在实践中体会教师事业的光辉伟大,在工作中培养出对教师事业深厚的情感。

3.摒除不良品质

高校教师可通过加强职业认同感、稳定自我情绪、调整心态等方式来摒除不良品质。对于教师来说,缺乏职业认同感会使其缺乏工作热情,不能积极地投入工作。高校教师需要在职业中找到职业乐趣,并与教学对象情感相通,获得更高的职业认同感,减少不良品质对工作的影响,从而提高工作效率。高校教师经常面临工作压力大的问题,一些教师不善于调节与控制自己的情绪,在日常工作中不自觉地宣泄自己的不良情绪,有时在课堂上为一点小事就大动肝火,以致影响到自己的威望和声誉。此时,教师就要学会及时调控自己的心理,不能苛求完美,要尊重和宽容他人,学会理解他人。

4.磨炼坚强意志

美国著名小说家杰克·伦敦在谈到自己成功的经历时说:“意志不是生来就有的,而是在参与实践的斗争中磨炼出来的。只要我们善于抓住各种时机有意识地进行实际锻炼,我们的意志力很快就会变得特别坚强。”[①]意志的形成、发展、培养离不开实践活动。高校教师可以通过各类实践活动锻炼意志,这些实践包括:体育锻炼、劳动锻炼、日常生活的其他各种锻炼等。只有在各种实践中迎战困难、攻克难关,才能磨炼意志。磨炼意志的过程是战胜困难的过程,获得成功的过程也是战胜困难的过程。生活中点点滴滴的困难,都是锻炼意志的好机会。高校教师需要把握好锻炼机会,迎难而上,不断战胜困难,不仅使意志得到增强,同时也能使教师更容易获得成功。

(五)养成全面的能力

高校教师需要具备人才培养、科研教育、服务社会和文化创新的全面能力。培养全面的能力不仅需要扎实的理论基础,还需要厚实的专业知识。除此以外,教师还要有创新能力,在日常生活中不断学习新技能,以适应新时代的要求。马卡连柯说过:“学生可原谅老师的严厉、刻板甚至吹毛求疵,但不能原谅他的不学无术。”[②]高校教师不仅要熟悉教材,还要形成完整的知识体系,并加强

① 武庆新编著:《放大你的人生　做最好的自己》,中国商业出版社2012年版,第15页。

② [苏]马卡连柯:《儿童教育讲座》,诸惠芳译,河北人民出版社1997年版,第203页。

业务进修和学习，跟踪学科动态，了解新观点，掌握新信息，不断更新知识，站在学科的前沿，实现由经验型到科研型的转化。除了专业层面的基础知识，教师还要通晓基本的社会学科、自然学科等方面的知识，做到博学多才。当今社会广泛实施素质教育，在培养学生的综合素质和创新能力方面，教师的博学多才是至关重要的。随着时代的变革，相邻学科的联系日益加强，文理相互渗透。因此，教师应注重与其他学科的沟通，形成“大教学观”，为学生创设开放的教学情境，培养学生的创新意识和能力。

教师只有对教学本质有准确而深刻的理解，才可能走向“生动且深刻”的教学境界。“教学首先要解决的就是‘教什么’的问题，倘若在这个问题的把握上出现偏差，那是其他一切努力都无法补偿的。”①洞悉学科本质则要求教师熟悉教学内容，通过对教材文本的深层次解读来掌握知识，并在此基础上形成自己的教学素养。此外，高校教师还需要广泛了解与学科相关的知识，如一些必要的学科文化、学科史、学科逸事等，通过对学科史的学习，对专业发展脉络有更清晰的认识；了解一些学科逸事并在日常教学中使用，也能加深对学科的了解并丰富课堂的教学形式。除了文本知识，最重要的还是教学实践，教师学科素养是在教学实践过程中不断完善、不断提升并最终得以深化落实的。“教师要创造性地参与到教学实践中去，以专业发现的眼光投身到教育活动中来。”②教师要在教学实践中提升教学能力、创造能力与研究能力，在课堂教学过程中结合理论进行实践，深化学科素养。

教师可通过实践中锤炼自我、日常社会交往中的积累、参加培训等方式培养全面的能力。能力需要实践来锤炼，尤其是教师这个职业本身就提供了很多培养能力的机会，所以教师可以通过在工作中寻找机会，独立发现和解决一些工作问题来提升自己的能力。除了独立解决问题的能力，教师还应多利用自己的社会交往，用心观察其他优秀同事的工作技巧，并有意识地总结自身问题，找到提升的途径。学习自己所不具有的能力，必要的时候向同事等虚心讨教、寻求帮助。除了在学校大环境中培养全面的能力，教师还可以选择参加培训或参加学校组织的一些讲座，主动接触自己不熟悉的领域，所谓“听君一席话，胜读十年书”，在向他人学习中不断增强全面的能力。

---

① 岳辉、和学新：《学科素养研究的进展、问题及展望》，《教育科学研究》2016年第1期。

② 田保华：《教师学科素养现状及内涵提升路径探析》，《基础教育参考》2016年第20期。

拓展阅读

阅读贵州省教育厅原厅长邹联克在2018年10月16日《贵州日报》上发表的《加强新时代师德师风建设要把握"五个度"》一文。文章指出，一是要从讲政治的高度加强新时代师德师风建设。要切实提高政治站位，准确对标新时代、新形势、新要求，引导教师树立正确的历史观、民族观、国家观、文化观。二是要从明形势的角度加强新时代师德师风建设。教师队伍的道德素质和精神风貌，直接关系到教育的形象和学生的健康成长，关系到国家的前途命运和民族的未来。三是要从强修养的维度加强新时代师德师风建设。教师既要精于"授业""解惑"，更要"明道""信道""传道"。四是要从建制度的深度加强新时代师德师风建设。引导教师增强政治认同、家国情怀和社会责任感。五是要从扛责任的力度加强新时代师德师风建设。

第三节　高校教师高尚人格的塑造

教师人格是指教师应具备的优良的情感意志结构、合理的心理结构、稳定的道德意识和个体内在的行为倾向的总和。它具体包括三个组成部分，即人格的动机系统、心理特征系统、自我调控系统。三者既相对独立，又相互渗透；既相互制约，又相互促进。教师人格是教师的根本所在。教育家乌申斯基曾说："在教育工作中，一切都应以教师的人格为依据，因为教育力量只能从人格的活的源泉中产生出来，任何规章制度，任何人为的管理机构，无论如何巧妙，都不能取代教育事业中教师人格的作用。"①因为教师不仅要传授学生知识，更重要的是教育学生树立正确的世界观、人生观和价值观，学会独立生存。教师不但要有较高的学历、渊博的知识、精湛的教学技术和深刻的教育理念，还必须具备较强的人格魅力。

优秀的教师一定具有以人为本的理念，一定具有爱岗敬业、无私奉献的精神，一定是以身作则、为人师表地引导学生，一定具有高尚的道德品质和渊博的知识。

---

① [俄]乌申斯基：《人是教育的对象——教育人类学初探》上卷，郑文樾等译，人民教育出版社2007年版，第322页。

教师必须热爱学生。热爱学生是教师正确处理与学生之间关系的准则。只有热爱学生，教师才能化解学生的逆反心理和对抗情绪，最大限度地激发学生的学习主观能动性，才能让学生把老师当成可以信赖的人，从而愿意向老师敞开心扉。师生之间才能架起信任的桥梁，教育才能生效。

教师必须爱岗敬业。教师应具有强烈的责任感和事业心，以“为了学生的一切，一切为了学生”作为教育教学工作的出发点和归宿点。如果做不到爱岗敬业，就不可能为人民的教育事业作出贡献。因此，教师应该以陶行知先生“捧着一颗心来，不带半根草去”的崇高精神激励自己。为祖国的教育事业奉献出自己全部的聪明才智，为中华民族培养出更多优秀的人才。

教师必须为人师表。教师的一言一行无不给学生留下深刻的印象，有的甚至影响学生一辈子。因此，教师一定要在思想政治上、道德品质上、学识学风上以身作则，自觉率先垂范，真正做到为人师表。学生的眼睛是雪亮的，教师的言行举止无不在学生的视野之中，所以教师要随时注意塑造好自己的形象。教师只有以自己完美的人格去影响学生的人格，以身作则，为人师表，才是真正意义上的“学高为师，身正为范”。教师要时刻以模范品行作榜样，用美的语言、行为和心灵去感染和教育学生。

教师必须具有高尚的品德和渊博的知识，将自己的所有精力全身心地投入到教学实践中去。一个优秀的教师，必须有四大支柱：丰厚的文化底蕴支撑起教师的人性，高超的教育智慧支撑起教师的灵性，宏阔的课程视野支撑起教师的活性，远大的职业境界支撑起教师的诗性。另外，知识绝不是处于静止的状态，它在不断地丰富和发展。因此，教师紧跟时代发展趋势，不断更新教育观念，改革教学内容和方法。

高校教师塑造完美的人格，在德、才、识、能诸多方面均须自觉锤炼，不断提高，不断完善，应做到：

一、准确认识自我

自我认识是人格塑造的必要前提。人贵有自知之明。清醒地认识自己、正确地评价自己是一件十分不容易的事。缺少自信，难以成为好教师；而自我感觉太好，就容易视而不见、听而不闻，再好的意见、经验都会从眼皮底下溜走，以致自己裹足不前。尤其在当今社会，新知识、新信息如潮水般涌来，学生处在这样的社会中，获取知识、信息的渠道众多，高校教师在知识方面不可能是绝对的“权威”，因而教育教学中“捉襟见肘”的事屡见不鲜。“知之为知之，不知为不知”，高校教师不是万能博士，搪塞、蒙混不仅有损于师德，而且会给学生留下不良的影响。正因为如此，高校教师要清醒地认识自己，自强不息。教师要善于用两把尺子，一把尺子量别人的优点，一把尺子量自己的不足。以己之短比人之长，越比越能奋进；如果以己之长比人之短，不仅不会长进，还容易失去人生的追求。德国教育家第斯多惠曾说过，要使教育教学工作勃勃有生气，教师必须找到自身最强烈的刺激，那就是"自我教育"。对自己的认识越清醒，自我教育的动力就越大，越能塑造完美的人格。

二、积极调整自我

自我调整是人格塑造的基本途径。"教然后知困"，从事教育实践后方深切体会到"困"，体会到其中的艰难。这个"困"，不仅是知识方面的，还包括能力、思想、视野等教师整体素质的方方面面。要塑造完美的人格，须努力进行自我调整。自我调整有两根支柱，一是学习，二是实践，二者聚焦在反思上。

高校教师要学而不厌，有丰富的智力生活。要向书本学习，重要的理论要反复学。要紧扣教材中有关知识查阅资料，探究来龙去脉，弄清背景材料，寻觅发展轨迹，力求"知其然，又知其所以然"。学习是一条艰辛的路，有时要披荆斩棘，需要的是求知若渴的心态、锲而不舍的精神。

高校教师要努力实践。认真进行教育教学实践，就会深刻感悟到自己很多方面力不从心。有知识贫乏问题，有思维的广度、深度、灵敏度的问题，有目光短视、缺乏远见的问题，有情绪急躁、缺乏修养的问题，等等。实践出真知，实践也是检验教师整体素质的标准。从实践中看到自己的不足，就会奋发图强。

总之，学习也好，实践也好，都要聚焦在反思上，不断地总结经验教训，提升思想，净化感情，努力塑造人格的魅力。高校教师不仅要尽力，而且要尽心，要把心扑在学生的培养上。学生是有个性、有差异的，而教育无选择性，接受教育是每一个学生的权利。为此，高校教师在自我调整的过程中，必须加强自身修养，完善自己的德、才、识、能。

三、努力超越自我

自我超越是人格塑造的理想境界。自我调整应贯穿于高校教师人格塑造的整个过程，而在这个过程中，高校教师应从自己的实际情况出发，制订出不同阶段的奋斗目标，明确努力的方向。"欲穷千里目，更上一层楼"，高校教师要不断挑战自我、超越自我，一步步攀登，达到理想境界。比如说，作为一名教师，必须做到"胸中有书，目中有人"。教材要烂熟于心，对知识有独特的领悟；要研究学生知识、能力等方面的共性，还要研究学生的个性、学生之间的差异，有针对性地选择教育教学策略。学生是个"变数"，有针对性地教，充分发挥各类学生的潜能，就能形成学习上你追我赶、奋勇争先的局面。当前，尤其要研究课堂里怎样让学生真正做学习的主人。高校教师不可能代替学生学习，施教之功在于启发诱导，为此，要充分调动学生自主学习的积极性。比如，研究如何创设和谐的学习情境和气氛，促进师生互动；如何开发学生的多元智能，因材施教，发展潜能；等等。其中可探索的内容很多，逐一从理论和实践结合的高度来认识、来反思，就能在德行、才学、识见、能力诸多方面获得提高。

拓展阅读

请阅读曹国永于 2018 年 9 月 27 日在《光明日报》上发表的题为《新时代加强高校师德师风建设的四个着力点》一文。曹国永指出，我们要准确对标新时代、新形势、新要求，深刻认识师德师风建设的极端重要性，牢记立德树人的崇高使命，引导广大教师更好地以德立身、以德立学、以德施教。曹国永认为：一要加强师德师风建设，着力提高思想认识。准确把握新时代“四有好老师”和“四个引路人”的内涵和要求，增强每一位教师立德树人、教书育人的责任感和使命感，做到“入心见行”。二要加强师德师风建设，着力加强制度建设。要进行顶层设计，加强制度体系建设；要落实主体责任，建好工作体系；要狠抓工作落实，加强监督。三要加强师德师风建设，着力深化价值引领。要坚持教育者先受教育，坚持终身学习的理念。四要加强师德师风建设，着力完善评价考核，划清红线、亮明底线。同时，要坚持教育培训与考核评价相结合，做好警示教育和防范工作。

思考与练习

一、简答题

1.高校教师人格魅力的潜在价值及其主要特征是什么？

2.试论述当代高校教师需要具备哪些良好的个性心理品质。

3.高校如何塑造教师的高尚人格？

二、材料分析题

以德立身，以德施教，北京某高校的赵老师热爱教学，热爱学生，满怀仁爱之心。她长期投身于一线教学实践岗位，具有强烈的事业心、责任心和奉献精神。在医学教育中，她注重教书育人，遵循规律，教育成效显著，并能在教学中把传授知识、培养能力同塑造学生正确的世界观、人生观、价值观相结合，在发现、培育创新型人才方面作出了突出贡献。

在科研方面，赵老师也硕果累累。她曾发表100余篇国外SCI论文，主持完成多个重点研究项目，申请专利400余项，获得多个国家和省部级的科技进步奖等。

赵老师在学院的学科建设中，身先士卒，率先垂范。她对科研的热爱与投入，点燃了全院老师对科研的向往、兴趣和追求。在她的带领下，全院教师完成了教学见长、科研为主的事业转型，使老师们的事业基石更加坚实，发展更加稳健；学院也由此走在了国内外药学领域的前沿，办学方向、人才培养、专业技能、就业导向等各方面工作，受到海内外医学、药学学科领域专家和学者的交口称赞。

(1)请分析赵老师具有哪些个性心理品质？

(2)赵老师的个性心理品质蕴含着哪些道德价值？

(3)从赵老师的个性心理品质中，你获得了哪些启示？请结合自身实际进行小组讨论，探讨如何在教育活动中形成优良的个性心理品质。

第八章　高校教师职业道德建设

学习目标

1.了解高校教师职业道德建设的途径与方法，掌握加强教师师德修养的方法，进一步思考高校教师职业道德建设的机制及对策。

2.认识高校教师职业道德建设在新时代存在的新特点、新问题，在道德实践活动中提升自我修养。

案　例

2019 年秋季学期开学，某高校在开学第一天进行了开学运行状态检查，对发现的问题进行了通报：

1.某学院教师李某某上课迟到近 30 分钟。经了解，李某某目前在校外一家公司兼职，前一天因公司事务工作至深夜，致使上课迟到。

2.某学院有 9 名学生旷课，而该课程的任课教师未对学生进行考勤，未发现学生旷课问题。

3.某学院教师王某，上课未携带教学大纲，所用 PPT 为未经修改的网络资源，对教授内容不熟悉，教学秩序较为混乱。

通报要求有关学院尽快对以上问题进行核实，按学校教学管理规定严肃处理。

高校教师是我国人才培养的主力军，其主要具有三大职能：一是为国家培养高层次、高技能的人才，二是推动社会、科学、技术、经济及文化等多方面的发展，三是服务社会。新时代，高校教师面临着新的机遇与新的挑战，不仅要掌握专业的技能知识，具备教书育人的能力，而且在生活和工作中要做到为人师表，具备良好的职业道德。目前，高校教师职业道德建设既取得了一定成就，也存在许多问题。尤其是诸多职业道德问题，已经严重影响了高等教育事业发展，影响了大学生健康成长和社会道德风气，急需我们加以重视并予以解决。

第一节　高校教师职业道德建设现状

教师职业具有特殊的职业特征，即教师不仅要传授给学生知识，还承担着重要的思想道德教育任务。学生在接受教师传授知识的同时，也在不断地接受教师的道德、情操、作风的教育和影响。因此，崇高的师德——教师的职业道德，既是对教师个体行为的规范，也是教育学生的重要手段，对青年学生树立正确的世界观、人生观和价值观起着重要的作用。这种职业特征决定了师德不仅应具有社会公德，还必须超越一般的职业道德范畴。“人类灵魂工程师”的光荣称号即是对教师这一特殊职业特征的形象描述。

一、高校师德建设存在的问题及原因

目前，就我国高校教师队伍整体而言，绝大多数教师的思想素质、品德素质是好的。长期以来，他们忠于党和人民的教育事业，爱岗敬业，教书育人，为我国教育事业作出了巨大贡献。但我们也应该清醒地看到，置身于市场经济万花筒般的社会大环境之中，教坛已难清静，各种不正之风时时冲击着教师的职业操守。

教育行风评议和种种迹象显示，高校教师师德建设存在不少问题，尤其在青年教师中存在的问题较为突出，有研究者将其归纳为“三重三轻”现象：

(1)重业务，轻思想。在教师的自我定位上，不少教师较重视业务学习和能力的提高，轻视思想修养的提高。有的教师对政治学习不重视，在政治思想上要求不高，思想松懈，致使在世界观、人生观、价值观的导向上有失偏颇；有的教师对自己的工作要求不严，在遵守学校的规章制度和有关规定上自觉性较差；有的教师对集体不关心，对教学以外的工作不重视，敷衍了事；科学研究中，有的教师也出现了“学术腐败”现象。

(2)重教书，轻育人。有的教师上课比较认真，课后对学生比较冷漠，与学生谈话沟通不多，关心不够。没有意识到教书育人是一个良性循环的系统，是

自己的工作责任，在教书育人上没能真正用心下工夫，没有把育人放在日常教育教学工作中的首位。

(3)重物质，轻道德。一些教师敬业奉献精神不佳，职业道德观念淡薄。由于多种原因，没有把最主要的精力放在本职工作中，不认真备课，讲课开“无轨电车”；有的热衷于第二职业，从事与教学、科研无关的牟利活动，影响着正常的教学工作。更有甚者，有的教师受物质利诱，考试前随便泄题，评分时送人情分，在师生中造成恶劣影响。概括地说，高校师德产生的问题主要表现在以下方面：一是育人观念淡漠，未做到教书与育人的有机结合。高校教师的职责是把大学生培养成高素质的新时代人才，培养他们获取与运用知识的能力。育人更是高校教师职业道德的关键目标。但是，有些教师错误地认为，育人不是教学的重要目的，只是单纯地传授专业知识。个别高校教师对学生不良行为不加以制止与纠正，任其发展，只教不育。二是缺乏敬业精神，价值取向产生偏差。在快速发展的市场经济影响下，机遇与利益不断冲击高校教师的价值观。部分高校教师人生的价值取向趋于现实。个别高校教师更是投身市场去赚大钱，不再致力于钻研学术，直接导致教学质量下降，科研成果质量令人担忧。这种现象对大学生的世界观和人生观也造成一定的影响，不利于人才的培养和社会的进步。由于缺乏职业服务精神，教师教学的有效性不高。部分高校教师认为授课只是一种任务，不愿意花时间去研究新的教学方法和教学策略，只采取灌输式的教学形式，未能真正发挥学生的主体性作用。部分高校教师在授课前并未进行充分的备课，致使教学出现内容不连贯、思路不清晰、概念模糊等现象，严重影响课堂教学的整体质量，影响人才培养的效果。

这些现象的产生，原因有以下两个方面：

一方面，社会环境是影响教师师德建设的外在因素。当前，社会上默默奉献、顽强拼搏、廉洁奉公的现象与巧取豪夺、欺诈造假、挥金如土的行径并存，而社会道德的提升往往滞后于社会的转型，导致各种复杂和消极的社会现象滋生与蔓延，甚至影响到高校教师。随着中国改革开放的深入发展，西方某些不良观念也不可避免地影响着师德建设及许多教师(特别是青年教师)的思想行为。从学校来说，教师队伍管理方面长期存在着“重业务学习、轻思想道德”的不良倾向，对教师业务方面的要求很明确，既有质的指标，又有量的要求，具有可操作性。而在涉及教师切身利益的工作评优评奖、评聘专业技术职称方面，思想道德方面的要求与考核却往往流于形式，只要不明显违纪违法，几乎没有因思想品质不合格而被淘汰的(客观上，精神方面的指标量化起来有一定的难度，不好操作)。这种管理模式当然无助于良好师德师风的形成。

另一方面，教师自身素质是影响教师师德建设的内在因素。目前教师队伍中有一部分人毕业就留校任职，缺乏社会实践的锻炼。不少教师思想上还不可避免地带有学生时代的浪漫色彩和偏激心理，在价值调整过程中容易使主客体产生偏离以致出现错位。同时，有些青年教师没有系统学习过伦理学，教师职业道德理论装备先天不足。不少教师尽管已为人师，其道德认知能力、道德是非判断能力和道德行为选择能力与其身份并不匹配。此外，部分教师在职业认识上也有偏差。还没有真正认识和理解“教师是人类灵魂工程师”的内涵，没有体会到教师职业的神圣感、光荣感和责任感，容易被“票子”“帽子”“房子”等实际物质利益所影响。

二、加强高校师德建设的对策

当前高校的师德建设仍然存在不少问题，培养一大批师德高尚的优秀教师是我国教育界面临的一项长期、迫切的重大任务，需要有关部门从师德教育、行政管理、制度建设等多方面寻求对策，进行综合治理和全面建设。

选拔与培养结合，努力提高教师队伍的人口质量。一个人的素质决定着他的思想言行。对于教师这种综合素质要求较高的职业，从业人员的个体素质显得尤为重要。所以要严格选拔。与此同时，要加强培养。职业道德教育是一个长期的过程，开展得越早，教育效果越好。在师德教育过程中，应根据教师的职业特点，贴近学生的思想和生活实际，切忌把师德教育变成空洞的道德说教。应通过教育，使学生树立正确的世界观、人生观、价值观，对教书育人的重要意义和教师职业职责有深刻的理解，产生崇高感、荣誉感、责任感，确立忠于教育事业的理想，坚定全心全意为人民服务的信念。只有这样，才能奠定崇高师德的基石。

他律与自律结合，切实强化教师队伍的管理和监督。师德建设不能仅凭简单的说教，必须从制度上予以保障。各级教育部门要把对教师的思想道德要求通过健全的规章制度确定下来，充分发挥法规制度的约束力，使师德建设落到实处。学校可以通过建立健全学习培训制度、考评监督制度、奖励约束制度和内部自律制度等，使师德建设更加规范有效。综合一些文献材料，建议如下：

第一，建立健全师德教育的学习培训机制。开展教师职业理想教育是提高教师职业道德水平的基础和前提，必须长期坚持。为了强化教师的师德意识，有组织、有计划地对广大教师进行师德教育的学习培训十分必要。师德学习培训的内容，包括师德规范、职业理想、职业态度、职业责任和职业良心的学习和培训，更重要的是根据教师的思想实际和教育实践中的问题，有针对性地进行学习教育。学习培训的方法，可采用专题讲座、师德报告会、案例分析会等多种形式。总之，应把师德教育作为“教师继续教育工程”的必修课程，放在应有的地位，贯穿到各个环节。

第二，建立健全教师的考核评价机制。与教师切身利益相联系的、客观公正的考评是有效的教育形式之一。为规范教师行为和提高师德水平，可建立“师德档案”，采用自评与公开评议（包括“生评师”）、定量与定性相结合等方法对教师的道德水平进行考核，记录教师职业道德方面的成绩和问题，并将其作为年终考评和提薪晋级的依据。

第三，加强师德激励约束制度。教师职业道德建设，要靠学习，也要靠激励约束。教育是基础，激励和约束是一种必要的手段。激励就是表彰先进，树立榜样，建立师德标准；约束就是对违反职业道德规范的教师，按照规定严肃处理。对于品德不良、师德败坏、社会影响恶劣的教师，应坚决取消其教师资格，从而在道德和纪律的约束下，使教师自觉规范自己的言行。

第四，努力构建师德内化自律机制。内化就是教师将社会约定的职业道德规范转化为教师自身的行为准则，将外在的约束和要求转化为自身道德修养的过程。自律就是无论是否有外在的约束或监督，教师都能严格要求自己，自觉自愿地遵守规范。构建师德内化自律机制，使教师在行动中遵循这些规范时内心会感受到欣慰和愉悦；如果违背了这些规范，就会内疚和自责。教师把师德作为自己的立身之本、立业之基，并形成自己的内心信念，就会从内心勃发出自我教育的欲求，积极主动地进行自我教育，而自我教育对形成教师良好职业道德的作用是难以估量的。

此外，社会与学校结合，不断加大师德环境建设的力度。师德建设是一项复杂的系统过程。要搞好师德建设，必须政府重视、学校负责、社会参与，形成齐抓共管的局面，才能真正抓出实效。具体来说，一要确保政府高度重视，将师德教育纳入政府工作议事日程。各级政府尤其是教育系统各部门，要扭转只重视抓业务和教学质量而忽视或无视师德教育的倾向，把师德教育纳入重要议事日程，建立师德教育领导负责制，形成齐抓共管的合力。二要确保学校领导高度负责，把师德教育放在各项工作的首位。学校有关领导应使师德教育渗透于各项工作之中，突出其首要地位。三要充分利用活动和节庆日开展教育。以活动为载体，吸引广大教师普遍参与。四要建立健全师德教育榜样示范机制。榜样可以产生巨大的影响力和感召力，具有教育和激励的作用和价值。如今，我们要继续学习和发扬老一辈教育家的精神和风范，及时发现、培养当代的模范教师和先进典型。宣传他们的先进事迹，开展“树典型，学先进，以身边人教育身边人”活动，使广大教师学有目标、赶有方向，不断提高职业道德水平。

高校教师职业道德在教育工作中起着至关重要的作用，是教师核心素质之一。加强教师职业道德建设，是高校教育工作中的重要环节，可以促进高校各项教育工作的顺利发展，提高高校人才培养质量。因此，高校应给予高度重视，并采取强有力的措施以提高教师职业道德水平、提升高校教师的整体素质，从而不断壮大高校教师队伍。

三、新时代加强高校师德建设的要点

教育部目前已颁布了《高等学校教师职业道德规范》，这无疑给高校师德建设提供了良好机遇，我们应抓住这一有利时机，加强学校师德建设。

（一）强化激励机制

激励是一种引起需要、激发动机、指导行为有效实现目标的心理过程。人都需要激励，激励的手段可以是物质的，也可以是精神的。教育教学是一个相当复杂的系统工程。我们在评价指标方面往往只注重科研论文、撰写专著、申报科研课题，致使教授不教、讲师不讲。这种片面的评价指标忽视了教师的育人行为，挫伤了教师育人的积极性。事实上，教育教学的成果不仅包括教学科研成果，还包括师德成果，一个教师良好的师德本身就是一笔财富。要引进激励机制给为人师表者以物质和精神奖励。如给予师德高尚、献身教育的教师以崇高的荣誉和丰厚的物质报酬，使教师感到良好的职业道德也能有所回报。学校给予师德高尚的教师应有的回报，必将激励高校教师加强自身道德修养，自觉地投身于育人工作之中，从而在全社会树立恪守职业道德光荣、不守职业道德可耻的良好道德风尚。

（二）营造教师成长的良好环境

人都生活在一定的环境中，无时无刻不受环境的影响。所谓“近朱者赤，近墨者黑”，很形象地说明了环境对人的影响。学校要净化环境，学校领导班子要承担重要责任。领导要廉洁自律，为师生办实事，做好表率作用。在用人制度上要任人唯贤，努力形成一种能者上、庸者下的用人机制。对那些爱岗敬业、无私奉献、埋头苦干的“老实人”给予崇高的荣誉和较好的物质待遇。

（三）将师德建设法制化

制度建设是师德建设的保证，师德建设只有纳入法制化的轨道，才具有强制力。国家对教师实行资格制度，获得教师资格是从事教师工作的前提。具有良好的道德品质是获得这一资格的必要条件，也是决定是否被聘用的必备条件，从而从法律上保障了教师职业的神圣和高尚。因此，国家要逐步将师德建设法制化，建立保障机制，规范要求，从而为高等学校教师职业道德建设创造良好环境。

拓展阅读

请阅读周坚在《中国高等教育》(2019 年第 7 期)上发表的《全面把握新时代高校师德师风建设的新坐标》一文。文章指出,习近平同志在全国教育大会上的重要讲话,为新时代教师队伍建设指明了前进方向、提供了根本遵循。一是坚持办学的正确政治方向,牢牢掌握党对教师队伍建设的领导权。二是构建科学的育人体系,牢牢抓住思想政治工作这条生命线,着力形成从"思政课程"到"课程思政""专业思政""学科思政"的圈层效应,调动和利用一切育人元素,努力使每一位教师都能在立德树人的舞台上找到自己的最佳位置。三是改革完善教师评价制度,建立与立德树人根本任务相匹配的激励约束机制,在教师评价中进一步突出"育人"与"育才"的统一,加大育人业绩的话语权。四是加大教师职业规划与培训力度,引导教师在塑造人上下真功、见实效。

第二节　高校教师职业道德建设的途径

教育事业的改革与发展,离不开教师队伍的建设,尤其是教师职业道德修养建设。因此,为了切实加强教师队伍建设,应该制定学校教师职业道德建设实施方案。而这一具体的实施方案要求具有相应的途径和方法。

一、高校教师职业道德建设实施方案要求

(一)要突出强调提高认识和加强领导的重要性

近年来,高校教师全面贯彻党的教育方针,加强道德修养,爱岗敬业,为人师表,体现了较高的职业道德水准,而且师德修养有了进一步的提高,为不断提高教育教学质量、促进教育发展作出了应有的贡献。同时,我们也清醒地认识到,由于受拜金主义、个人主义以及社会上不正之风的影响,个别教师还存在不注重师德修养、职业道德水准不高的现象,如治学不严谨、不注重钻研业务、不能尊重学生等。这些现象虽然是极个别的,却严重影响了人民教师和学校的形象。因此,高度重视教师职业道德建设十分必要。抓好这项工作必将促进教师队伍整体水平的提高。为了保证教师职业道德建设工作落到实处,学校应该成立"师德建设领导小组",研究制定教师职业道德标准、教师职业道德考核细则

及办法等有关条例;同时,通过开展多种多样、形式生动活泼的师德教育活动,促进全校教师师德水平的大提高。

(二)要以多种途径和方式开展宣传教育活动

师德建设的目标涉及:政治坚定,思想过硬;遵纪守法,依法执教;文明理性,与时俱进;爱岗敬业,甘于奉献;勤奋学习,业务精通;热爱学生,团结协作;情操高尚,为人师表;志存高远,廉洁从教。为了实现这些目标,学校应着重抓好以下工作:

(1)向全体教职工宣讲开展教师职业道德建设的意义和具体要求以及学校有关师德建设的标准、要求、评估办法、考核细则。

(2)在宣传教育的基础上,开展教师职业道德的自评、自查和教风的整顿工作。按目标要求,教师要写出自评报告,并存入个人师德考核档案。

(3)定期召开全校师德教育大会。教育、引导教师树立正确的教育观和成才观,在教师中大力倡导终身爱岗的敬业精神、勇于改革的创新精神、共同进步的协作精神、爱生如子的园丁精神、奋发向上的拼搏精神、不计得失的奉献精神。

(4)以师德建设为切入点,抓好教学常规管理。教学常规管理要从五个方面抓起,即备课、上课、辅导、作业批改、考核与评定。具体要求为:备课要钻。上课要以学生为主体,教师为主导,训练为主线;讲课要精,要突出重点,找准难点。辅导要勤,要落到实处。作业批改要细,要及时。要认真细致地组织好期中、期末考试。

(5)狠抓教风建设。结合教师的工作特点,提出更加规范的要求,如:遵守教学纪律、杜绝教学事故;虚心听取学生对教育、教学工作的意见和要求,想尽办法教会学生学习方法和思维方法;使学生不仅知其然,更重要的还要知其所以然;教师要对学生倾注全部爱心,建立融洽、和谐的师生关系。教师要努力做到:一为榜样,二为良师,三胜父母,四如朋友。

(6)在教师中大兴学习、教研的风气,与时俱进,开拓创新,向教科研要效益。"教科研是教育第一生产力",是提高教学效益的关键性因素,是衡量学校办学现代化水平的核心标准。教科研工作要从三个方面入手:一是研究如何激发学生的学习兴趣,使其愿意学,乐于实践;二是研究如何使学生会学习,善于学习;三是研究如何培养创新精神和社会实践能力。因此,教师除了备课、上课之外,还要加强学科知识的学习,加强教育理论、教育教学方法的学习,加强自身创新精神和实践能力的培养与提高。同时,在广大教职工中形成读书学习的氛围,积极倡导"人人争做研究型教师"的良好风气。要鼓励教师要下大力气学习计算机、多媒体网络技术,充分利用网络资源为教育、教学服务。还要加强心理学、教育学理论的学习，重视研究学生心理，关注学生心理健康。要加强对青年教师的培养，系统开展青年教师师德教育讲座，组织好公开课、示范课等活动，抓好青年教师实验技能培训工作。

（7）建立和完善惩戒激励和制约机制。对于师德高尚、成绩突出的优秀教师，进行表彰奖励；对于严重违反教师职业道德的教师，要坚决查处，决不姑息。将少数品行不良、素质很差、不适合担任教师的人员坚决清出教师队伍。学校主要领导加强对学校的巡视工作，并通过多层次的座谈会了解情况。对于学生反映比较突出的问题，必须认真对待，严肃查处。

（三）根据相关规定做好教育和考评工作

在日常教育教学过程中依照教师职业道德考核细则，通过不同途径、不同方式，坚持定期对教师进行职业道德方面的教育和考评，并做好考评资料的积累工作。学期开始和结束时，依照教师职业道德标准、教师职业道德考核细则、教师职业道德考核办法中的具体规定，组织教师开展自我评价、学生评价等工作，定期或按主题开展社会评价等其他评价活动。

二、加强高校教师职业道德修养的途径

加强教师道德修养离不开理论与实践的结合。教师要使职业道德原则和规范成为行为的准则，必须依靠长期不懈的努力，自觉地提升修养、进行相应的锻炼。因此，掌握正确的提升师德修养的途径和方法是十分必要的。加强道德修养可以采取以下途径和方法：

（一）强化教师意识和教育信念，增强修养动力

首先，要强化“我是一名人民教师”的意识。教师是负有神圣职责的崇高职业。教师要时刻不忘自己是一名“人民教师”，基于对教师职业神圣职责的深刻理解，会产生一种强烈的自豪感和责任感。这种高尚的情操作为强大的精神力量，会不断地激励和鞭策教师忠诚于党的教育事业，进而履行教师的道德职责。正如有些教师所言：“我是教师，要尽职尽责。”“如果失去的岁月可以像飞去的燕子重新归来，青春的年华可以再次度过，那么，我将依然选择教师这个太阳底下最光辉的职业。”“我是一名人民教师，所以我要深深地爱着孩子。”“我要无愧于‘教师’这一称号，为社会多做有益之事。”这些言论都充分地体现了他们具有强烈的教师意识。当然，这种教师意识是发自内心的，它是教师行动的理性主宰，是教师道德修养生成的内在根本。

其次，要意识到自己的言行举止对学生的影响。教师是学生最为关注的人物。教师所表现出来的言行举止都可能对学生产生这样或那样的影响。教育家加里宁曾言：“教师的世界观，他的品行、他的生活、他对每一现象的态度都这

样或那样地影响着全体学生。不仅如此，可以大胆地说，如果教师很有威信，那么这个教师的影响就在某些学生身上永远留下痕迹。”[①]因此，教师要在学生中树立良好的道德形象和提高教育威信，就必须清醒地意识到自己的言行举止对学生产生的影响，敏感地接受来自学生的信息反馈，严格要求自己，积极进行有效的自我监督。

最后，教师要掌握自己的个性特点，自觉培养自制能力。教师的个性心理品质千差万别，客观上要求教师重视自制能力的培养。所谓自制能力就是自我控制和自我调节能力。自制能力是教师步入更高道德境界不可缺少的意志品质。当然，自制力需要建立在自觉的基础上，而自觉要通过自制力来体现。总之，要在自制中提高自觉性，在自觉中增强自制力。

(二)认真学习理论，明确修养方向

第一，要学习马克思主义的基本理论和知识。不掌握这些理论，就不可能科学地认识社会、认识人与人之间的关系。此外，还要学习自然科学和社会发展规律知识，使我们从各种联系中清醒地认识改造世界的任务。正如列宁所说：“只有用人类创造的全部知识财富来丰富自己的头脑，才能成为共产主义者。”[②]当然，这并不是说科学知识就等于道德，但我们也不能以此来否定知识对道德品质形成和发展的作用。

第二，努力学习教师道德理论，树立教师道德的理想人格。马克思主义作为指导思想和理论基础，不可能回答师德修养中所遇到的各种具体问题。师德修养中的具体规律，还要通过教师道德的理论来揭示。教师道德理论是教师进行职业道德修养的指导思想。掌握了它，才能辨别善恶、是非，才能在自己思想领域里战胜那些错误的、落后的道德观念。学习教师道德理论，主要方式是个人自学和教育部门组织的教师道德学习。个人自学不受时间、地点限制，有一定的自我支配的灵活性、机动性，但由于受教师个人理论水平、理想觉悟和自我控制能力的影响，有时达不到预期的目的。教育行政部门及学校组织的教师道德学习是一种有组织、有计划的教师道德教育，它克服了自学中的不利因素。树立教师道德的理想人格，就是要确立人民教师道德的理想。只有在道德修养中以教师道德的先进典型作为自己思想行为的楷模，鼓励自己，在思想意识中凝聚教师道德原则和规范，以崇高的道德品质作为自己行为的目标，才能使自己的道德修养不会迷失方向，从而成为一个有较高教师道德修养的人民教师。

---

① [苏]加里宁：《论共产主义教育和教学》，陈昌浩、郑颖译，人民教育出版社 1957 年版，第 155 页。

② 《列宁选集》第 4 卷，人民出版社 1979 年版，第 384 页。

(三)参加社会教育实践,积累修养体验

参加社会实践,在实践中提升教师道德修养,是教师修养的根本办法。在教师道德修养的过程中,从教师道德认识、道德情感、道德意志、道德信念到教师的道德行为和习惯,自始至终都是在社会实践和教育教学中完成的。教师只有在教育教学实践中,在处理师生之间、教师之间、教师与家长及教师与社会其他成员之间的关系中,才能认识自己行为的是与非,才能辨别善与恶,才能培养自己良好的教师道德品质。如果只是"闭门思过""坐而论道",脱离实践去修养,那么教师道德修养就会成为一句空话。

首先,教师道德修养不能脱离社会教育实践。我们所坚持的师德修养是投身于教育实践中的刻苦锻炼。在锻炼中不断积累情感体验,提高道德意识水平,并形成相应的道德行为和习惯。同时,也只有投身于社会教育实践,才能暴露出个人道德品质在某些方面的不足,并努力在实践中克服和纠正,使自己更加趋于完善。理论脱离实践,言行不一,这是以往道德修养经常的通病。社会主义的师德修养,不仅要求理论上的提高,更重要的是要坚持理论与实践的统一。实践证明:只有活生生的社会教育实践活动,才能促使教师把理论认识转化为内心深处的真情实感,并形成具有稳定倾向的行为习惯。徐特立说过:"教书是一种很愉快的事业,你越教就会越爱自己的事业。当你看到你教出来的学生一批批走向生活,为社会作出贡献时,你会多么高兴啊!"[①]这种爱和愉快的真情实感,只有从"教"的实践中积累体验出来。

其次,社会教育实践是检验师德修养成效的标准。社会教育实践不仅是师德修养的现实基础,而且也是检验师德修养有无成效以及成效大小的标准。师德修养一旦离开社会教育实践,不仅会因失去现实基础而成为无源之水、无本之木,而且也会因失去检验的标准而无法进行客观评价。实际的生活也表明,那种"语言的巨人,行动的矮子",不可能成为道德高尚的人。不仅如此,教育实践的内容又是丰富和多变的。虽然教师道德原则和规范都比较明确,但付诸实践后,就不像想象的那样简单。比如,在师生关系上,教师要了解、尊重学生,说起来简单明确,但实际上怎样做、做得怎样、具体的标准是什么,只有通过教育实践经验的积累和对实践效果的考查,才能逐步作出客观的评价。

最后,社会教育实践是师德修养的目的和归宿。师德修养本身不是目的而是手段。师德修养的根本目的,在于使教师能够自觉遵照教师道德的要求,培养出适应我国经济发展和社会进步需要的品质。这里包括两层意思:一是为教育实践服务,二是追求理想人格的自我完善。这两者是有机的统一。也就是

① 《徐特立文集》,湖南人民出版社 1980 年版,第 598 页。

说，教师的自我修养一旦离开教育实践活动，不但无法提升师德修养，而且也会因失去目的而变得毫无价值。一句话，社会教育实践是师德修养的目的和归宿。与此同时，教师的理想人格，也只有在教育实践中才能得到不断充实、提高和完善。

三、加强高校教师职业道德修养的方法

(一)开展批评和自我批评

开展批评和自我批评是促进个人进步的内在动力和外在推动力，是加强教师道德修养的根本方法。由于教师工作艰辛、繁重、复杂，所以教师在道德修养上会出现反复或曲折，难免犯错。对于这个问题，关键是如何对待自己在道德实践中出现的违背教师道德的言论和行为。正确的解决方法是开展批评和自我批评。

(二)学习先进教师的优秀道德品质

在师德修养过程中，不仅要向书本学习，还要向优秀教师学习。因为一切优秀教师的道德实践，都是师德理论的具体化，具有鲜明、生动、形象的特点。先进教师是生活在教师队伍里的活生生的人，能够以直观形式启发教育和感染教师，进而影响其他教师的思想和行为，促使他们以先进人物为榜样，取长补短，提高道德修养水平。学习先进教师的优秀品质，主要有两个途径：一是多读教育界名人的传记和模范教师的先进事迹。这些名人身上都具有优秀的道德品质，体现着高尚的道德情操，所以高校教师多了解这些名人的事迹，更能受到感染和鼓舞，使自己的行为趋近道德原则和规范的要求。二是学习身边的模范教师，他们生活在自己身边，看得见、摸得着，影响更直接、更深刻。

(三)博采古今师德，努力推陈出新

既要继承和发扬我国教师的传统美德，借鉴国外好的东西，又要在当今的历史条件下，敢立敢破，开拓创新，促进教师职业道德的建设。一方面，要继承和发扬古今中外师德的优良传统。教师道德具有历史的继承性。列宁在论及文化继承问题时说过："无产阶级文化应当是人类创造出来的全部知识的合乎规律的发展，无产阶级的思想体系不但没有抛弃资产阶级时代最宝贵的财富，而且还吸收和改造了几千年来人类思想和文化发展中一切有价值的东西。"[①]教师道德的形成和发展也不可能脱离人类文明大道，它需要批判地继承我国历史上和国外师德中合理的因素，并在社会主义条件下加以改造和充实。因此，强化师德修养就要博采古今中外师德中一切有价值的东西并将其发扬光大。

---

① 《列宁选集》第4卷，人民出版社1979年版，第348页。

我国是一个历史悠久的文明古国，历代的教育家都十分重视师德修养，并为我们留下了极其丰富的宝贵的文化遗产。春秋末年的教育家孔子，从教40年，开我国古代收徒讲学之先河，他在师德修养中提出的以身作则、学而不厌、诲人不倦等师德规范，直到今天仍然具有现实意义。被誉为“人民教育家”的陶行知，不为高官厚禄所诱，矢志办学育才，从教30年，践行着“捧着一颗心来，不带半根草去”的高尚情怀。无产阶级教育家徐特立，18岁开始从教，经历艰难险阻，始终以教书为职业，以教育为事业。在国外也有许多诸如勤奋学习、热爱学生、严格要求学生以及与现代化社会要求相适应的教师榜样。这一切都值得我们继承和借鉴。当然，我们的继承和借鉴是批判地继承和借鉴，古为今用，洋为中用。另一方面，要坚持在实践中推陈出新。教师道德必须随着社会生产和教育实践的发展而不断深化和提高。因此，教师的自我修养也应该在继承传统的基础上不断推陈出新。具体说来，教师应该在坚持党的基本路线和教育方针的前提下，在发展社会主义教育事业的伟大实践中，认真总结现实生活中涌现出来的新的师德要求和规范，为丰富和完善社会主义教师道德体系作出贡献。不断充实和提高自己，使自己在教师道德修养上体现出更鲜明的时代特色。

（四）不断自我鼓励，磨练修养毅力

自我激励，就是教师在自我认识的基础上，鼓励自己为达到更高师德水平而努力的过程。自我激励是教师进行师德修养的重要保障。它的目的和作用在于激发教师进行自我修养的内在动力，强化和磨练克服各种障碍和阻力的毅力。具体形式主要有：一是目标激励。人们在认识和改造客观世界的征途中，不能没有目标。同样，人们在认识和改造主观世界的过程中，也不能没有奋斗目标。当奋斗目标作为一种职业道德理想出现时，它就成为教师做人的一面旗帜，给教师指明前进的方向，并成为教师生活中的精神支柱，随时给教师以力量，不断地推动和鼓励教师朝着既定的奋斗目标前进。这种通过确立奋斗目标来激励自己不断进取的方法，可称为目标激励法。二是成果激励。任何一个教师只要在本职工作中真正地进行师德修养的学习和积累，而且坚持下去，必有收获。这种收获，一方面可以通过学生的健康成长和社会各方面的肯定评价反映出来；另一方面，也可以通过教师自身心理上的满足、欣慰和幸福感反映出来。同时这一切又会转化为宝贵的精神动力，进一步激发和鼓励教师去争取更大收获。因此，不断总结经验、肯定成绩、增强信心，也是提升师德修养的好方法。这种通过总结成功经验来激励自己进取的方法，可称为成果激励法。三是反思激励。教师在提升自我修养的过程中，往往会遇到一些困难和障碍，也常常会因主观和客观的不一致而遭到挫折和失败，还会因为一些人的不解或嫉妒而受到讥讽、误解或非难。但我们不能因此就消沉、抱怨、妥协和退缩，而应当从对挫折和失败的反思中、从克服困难和阻力的磨练中提高抗挫折能力，使自己更加成熟起来，从而走上成功之路。这种通过总结和吸取失败教训来激励自己进取的方法，可称为反思激励法。四是对比激励。对比是认识客观事物时普遍采用的方法。这种方法也适用于提高师德修养。教师的自我修养是在社会关系中进行的，而生活中的教师，在师德修养的程度上必然会存在差异。一般说来，每个教师都是既有优点又有缺点，既有长处又有短处。因此，一个虚心提升师德修养的教师，应该既善于向优秀教师学习，又善于向身边的普通教师学习。要在与他们的对比中寻找自己的不足和差距，认真提升思想觉悟和道德修养。正确地进行对比不是一件容易的事情，既要正确地对待别人，也严格地解剖自己，还要方法对头。我们把这种通过自己与别人的对比激励自己进取的方法称为对比激励法。

拓展阅读

请阅读江苏第二师范学院王仁雷在2018年1月23日的《光明日报》上发表的文章《新时代加强师德建设的战略思考》。王仁雷指出，我们要充分认识新时代加强师德建设的战略意义，以高度的战略思维和战略设计持续有效地推进师德建设。其主要思想观点如下：加强师德建设，一要理论与实践相结合，二要自律与他律相结合，三要传承与创新相结合。

第三节　高校教师职业道德建设的机制

高校师德建设是一个系统工程，它包括“一次教育”和“继续教育”两种类型。同时，卓有成效地开展师德教育，需要建立健全师德建设的机制。

一、高校教师职业道德教育的两种类型

教师职业道德教育应包括“一次教育”和“继续教育”两种类型。

（一）一次教育

一次教育主要是针对初次参加教师工作的人而言的，在其未上岗工作之前，有必要进行教师职业道德的一次教育。

1.开设“教师职业道德修养”课

这是对在校师范生进行教师职业道德教育的最佳方式。我们既要提高学

生的人文素养，还要提高他们的思想道德修养，即“欲成才先成人”。学生的特点是思想较单纯，求知欲强烈，兴趣广泛。学生时代是他们人生观形成的关键时期，也是对他们进行职业道德教育的良好时机。因此，对他们进行职业道德教育的最佳途径是开设“教师职业道德修养”课程。通过这门课程的教学，他们在道德品质形成过程中能端正道德认识，正确理解教师工作职业道德的基础理论、基本知识以及教师在从事教学过程中的行为规范，逐步养成良好的职业行为和习惯，从而树立牢固的敬业思想，忠诚于教育事业，为真正走上教师工作岗位打下坚实的基础。

除“教师职业道德修养”理论课的教学外，实践性教学也是非常必要的，只有这样才能做到理论联系实际。具体的办法有：(1)教育他们向优秀教师学习，学习优秀教师“甘为人梯，无私奉献”的精神；同时，让他们仔细观察那些专业精通、业务精湛、职业道德修养好的教师是怎样进行教学工作的，认真体会教育工作的性质、任务和特点。(2)以个别职业道德较差的教师为反面教材，反思对照，认识到自己还欠缺哪些优良品质。

2.岗前培训

在任教之前，必须实施岗前培训。而教师的职业道德教育是岗前培训中必不可少的一项内容，既可以在培训教学计划中开设相应课程，也可以采取由业务水平高、职业道德修养好、长期从事教育工作的优秀教师做报告、举办专题讲座以及参观学习等方式。总之，学校应保证每一个初次参加教师工作的人接受系统而全面的职业道德教育。

（二）继续教育

继续教育是对在岗教师而言的职业道德教育。仅靠上岗前的专门培训就能够一劳永逸地解决教师职业道德的教育问题是不可能的。随着科学技术的发展，教育事业的发展也十分迅速。教师只凭原有的专业知识，采取一成不变的教学方式，势必要落伍于社会。职业道德教育和其他专业知识教育一样，不是“一次教育”就可以受用终身的。一个人，从确定道德观念到形成道德品质都离不开社会实践的锻炼和检验。道德修养，是靠每个教师在日常生活工作实践中逐步培养起来的。因此，我们要有“终身教育”的思想。通过“终身教育”，把教师职业道德的准则转化为受教育者个体的思想品德。“一次教育”所完成的主要是职业道德理论的教育，要全面实现高校教师职业道德教育的目标则主要依靠职业道德的再教育。

教师职业道德的再教育是指对正在从事教学工作的教师所进行的职业道德教育。它的突出特点是受教育的对象都有一段时间的工作经历和一定的教学经验，了解学校教育工作的性质、任务和特点，有较成熟的世界观。与此同时，这部分人的知识水平及心理素质等各不相同。文化层次不同、年龄结构不同，从而表现为人员素质不同、对教育事业的理解和热爱程度不同，因而工作态度和事业心也不同。

教师职业道德再教育的途径主要有：

(1)将思想政治工作和精神文明建设结合起来，进行职业道德的宣传和教育。

(2)将提高教师的业务水平和文化素质结合起来，提高文化素养、掌握业务技能是加强职业道德建设的重要手段。

(3)加强学校教师工作各项制度、章程、守则、公约、须知及条例等的制订、完善和宣传贯彻工作，这些都是教师职业道德的具体表达，并且便于教师接受和实践。

(4)经常性地组织教师，尤其是年轻教师听优秀教师和有经验的老教师做专题报告，实行传、帮、带。

(5)开设“教师职业道德修养”课，在加强对教师进行专业技术再教育的同时，也系统、全面地进行职业道德教育。

(6)定期考核，督促高校教师提高职业道德修养。

二、高校教师职业道德建设的机制

高校师德建设机制主要包括以下四个方面：

首先，学习培训机制的建设。在加强教师职业道德规范的学习和培训中，开展教师职业理想教育是提高教师职业道德水平的基础和前提。建立师德教育的学习培训机制，就是要把师德教育作为教师继续教育的首要内容，将教师学习职业道德规范制度化、规范化；就是要将师德教育纳入学校日常教育工作，时时讲、处处讲；就是要教师自觉加强职业道德规范的学习，知道哪些行为可为，哪些行为不可为，主动提高道德修养，自觉运用规范约束自己的教育教学活动。只有在日常思想政治学习中，加强教师的职业理想、职业形象、职业责任、职业纪律和职业道德的教育，才能让广大教师了解、掌握教师职业道德规范的内涵和要求，理解、遵守职业道德的目的和意义，教育教师热爱本职工作、忠于职守，引导教师树立正确的教育价值观、质量观和人才观；加强尊重学生、爱护学生、保护学生的责任意识，才能帮助教师不断提高思想政治素质和业务素质，才能遵守规范，充分发挥其工作的积极性和创造性。

其次，考评监督机制的建设。充分发挥教师职业道德考评和社会监督的作用，这是提高教师职业道德水平的重要保证。教师的学期考评或年度考评，是对教师德才表现和工作实绩的综合检查，是激励和督促教师提高自身素质、认真履行职责的有效途径。教师职业道德考评是教师考评的重要内容。为了保证考评工作的客观公正和民主公开，充分发挥考评工作的积极导向作用，有必要建立师德的考评监督机制。为此，学校可依据教师职业道德考核测评标准，积极建立个人自评、教师互评、学生评价、家长评价和上级组织评价相结合的师德考评机制。这样既可以确保学校师德考评工作落到实处、不流于形式，同时又有利于发挥教师、学生、家长和上级组织等多方面的监督作用。

再次，激励约束机制的建设。教师职业道德建设，既靠教育，也靠激励和约束。教育是基础，激励约束是手段。激励就是表彰先进、树立榜样，对依法执教、敬业爱岗、无私奉献、为人师表的教师及其优秀事迹大力表彰，同时利用报纸、杂志、广播、电视以及网络的广泛宣传，在教师队伍中营造争优创优的声势和气氛。先进人物事迹的道德感召和情操感染，使得人们对美好道德向往的需求间接地获得满足，并在内心产生一种愉悦而高尚的内心体验。这种道德情感渗透在教师的道德认识和道德行为中，将促使他们向着积极的方面努力，从而达到提高职业道德素质的目的。在坚持正面宣传教育为主的同时，又要注意强化政策导向，严肃法纪，严格将教师职业道德表现与教师的奖惩、培训、聘任、辞退以及教师职务、工资晋升挂钩，加强对违反职业道德规范的教师的处理。凡是违反教师职业道德规范的，都要按照规定严肃查处。对于品行不良、师德败坏、侮辱学生、社会影响恶劣的教师，要坚决取消其教师资格，将其清理出教师队伍。在道德压力和纪律约束下，教师在内心深处对规范就会产生敬畏心理，知道违背职业道德带来的后果，从而自觉约束自己的行为和思想，并且遵守规范和准则。

最后，内化自律机制的建设。进行师德建设，提高师德水平，关键在于建立内化自律机制。无论是学习培训，还是考评奖惩，目的都是为了促进教师建立起内化自律机制。内化就是教师将社会约定的职业道德规范转化为教师自身的行为准则，将外在的约束和要求转化为自身道德修养的过程。自律就是无论是否有外在的约束和监督，教师都能严格要求自己，自觉自愿地遵守规范。内化自律机制的建立，使得教师在行动中遵循这些规范时内心会感到欣慰和愉悦；如果违背了自己的原则，就会内疚和自我谴责。这种机制的建立可以有以下几种途径：通过学习教育，帮助教师增强教书育人、以身立教的社会责任感和神圣使命感；通过奖励、表彰先进事迹的精神感召力，促进教师获得内在的道德满足感和上进心；通过监督和约束产生内疚感和自责感。这样，教师就会将自己的思想意识、言行举止纳入规范之中，自觉监督自己的行为，执行行为规则，并且一有逾矩，心中就有约束。建立内化自律机制，使教师从满足社会的希望到履行自己内心的道德准则，这是师德建设的目的，也是师德建设的最高境界。

拓展阅读

请阅读田建国的《当代教师职业道德建设的新内涵》(《高校教育管理》2010 年第 6 期)一文。文章指出,一是要牢固树立以学生为本的理念。以学生为本,是现代教育的基本价值取向。坚持以学生为本,关键是尊重学生的主体地位。坚持把解决学生的思想问题与解决学生的实际问题结合起来。二是着力培养职业精神。增强教师的职业幸福感,促进教师在教书育人中实现人生价值。增强教师的职业幸福感,需要引导广大教师培养职业精神。不断培养自我成就感、自我满足感、自我实现感,使敬业爱岗成为一种内在的自觉要求。三是精心塑造大爱师魂。教育是做人的工作的一种工作,而人是有感情的。现代教育理论表明,爱心是教师职业道德素质的核心因素,也是教师从业的基本要求。学生只有感受到爱才能被感动,只有产生感动才能更好地行动。

思考与练习

一、简答题

1.培养高校教师职业道德修养的途径有哪些?

2.社会主义市场经济条件下,高校师德建设有哪些新特点?

3.高校教师职业道德建设的类型与机制是什么?

4.新时代加强高校师德建设应突出解决哪几个问题?

二、材料分析题

某大学副教授尹老师开 50 多万元的宝马车上课,有七八个手机号码,是 3 家上市公司的独立董事。在一次全国性高校学术研讨会上,他“善意地”提醒大家:“大学教师全身心地投入教学是一种照亮别人的自我毁灭。”正是在这一观念的支配下,尹老师把大把的时间和精力用在了做生意上,而对日常的教学和科研工作敷衍了事。

试运用本章所学内容对尹老师的言行进行分析。

附　录

附录1　中华人民共和国教育法

1995 年 3 月 18 日第八届全国人民代表大会第三次会议通过。

根据 2009 年 8 月 27 日第十一届全国人民代表大会常务委员会第十次会议《关于修改部分法律的决定》第一次修正。

根据 2015 年 12 月 27 日第十二届全国人民代表大会常务委员会第十八次会议《关于修改〈中华人民共和国教育法〉的决定》第二次修正。

第一章　总则

第一条　为了发展教育事业，提高全民族的素质，促进社会主义物质文明和精神文明建设，根据宪法，制定本法。

第二条　在中华人民共和国境内的各级各类教育，适用本法。

第三条　国家坚持以马克思列宁主义、毛泽东思想和建设有中国特色社会主义理论为指导，遵循宪法确定的基本原则，发展社会主义的教育事业。

第四条　教育是社会主义现代化建设的基础，国家保障教育事业优先发展。

全社会应当关心和支持教育事业的发展。

全社会应当尊重教师。

第五条　教育必须为社会主义现代化建设服务、为人民服务，必须与生产劳动和社会实践相结合，培养德、智、体、美等方面全面发展的社会主义建设者和接班人。

第六条　教育应当坚持立德树人，对受教育者加强社会主义核心价值观教育，增强受教育者的社会责任感、创新精神和实践能力。

国家在受教育者中进行爱国主义、集体主义、中国特色社会主义的教育，进行理想、道德、纪律、法治、国防和民族团结的教育。

第七条　教育应当继承和弘扬中华民族优秀的历史文化传统，吸收人类文明发展的一切优秀成果。

第八条　教育活动必须符合国家和社会公共利益。

国家实行教育与宗教相分离。任何组织和个人不得利用宗教进行妨碍国家教育制度的活动。

第九条　中华人民共和国公民有受教育的权利和义务。

公民不分民族、种族、性别、职业、财产状况、宗教信仰等，依法享有平等的受教育机会。

第十条　国家根据各少数民族的特点和需要，帮助各少数民族地区发展教育事业。

国家扶持边远贫困地区发展教育事业。

国家扶持和发展残疾人教育事业。

第十一条　国家适应社会主义市场经济发展和社会进步的需要，推进教育改革，推动各级各类教育协调发展、衔接融通，完善现代国民教育体系，健全终身教育体系，提高教育现代化水平。

国家采取措施促进教育公平，推动教育均衡发展。

国家支持、鼓励和组织教育科学研究，推广教育科学研究成果，促进教育质量提高。

第十二条　国家通用语言文字为学校及其他教育机构的基本教育教学语言文字，学校及其他教育机构应当使用国家通用语言文字进行教育教学。

民族自治地方以少数民族学生为主的学校及其他教育机构，从实际出发，使用国家通用语言文字和本民族或者当地民族通用的语言文字实施双语教育。

国家采取措施，为少数民族学生为主的学校及其他教育机构实施双语教育提供条件和支持。

第十三条　国家对发展教育事业做出突出贡献的组织和个人，给予奖励。

第十四条　国务院和地方各级人民政府根据分级管理、分工负责的原则，领导和管理教育工作。

中等及中等以下教育在国务院领导下，由地方人民政府管理。

高等教育由国务院和省、自治区、直辖市人民政府管理。

第十五条　国务院教育行政部门主管全国教育工作，统筹规划、协调管理全国的教育事业。

县级以上地方各级人民政府教育行政部门主管本行政区域内的教育工作。

县级以上各级人民政府其他有关部门在各自的职责范围内，负责有关的教育工作。

第十六条　国务院和县级以上地方各级人民政府应当向本级人民代表大会或者其常务委员会报告教育工作和教育经费预算、决算情况，接受监督。

第二章　教育基本制度

第十七条　国家实行学前教育、初等教育、中等教育、高等教育的学校教育制度。

国家建立科学的学制系统。学制系统内的学校和其他教育机构的设置、教育形式、修业年限、招生对象、培养目标等，由国务院或者由国务院授权教育行政部门规定。

第十八条　国家制定学前教育标准，加快普及学前教育，构建覆盖城乡，特别是农村的学前教育公共服务体系。

各级人民政府应当采取措施，为适龄儿童接受学前教育提供条件和支持。

第十九条　国家实行九年制义务教育制度。

各级人民政府采取各种措施保障适龄儿童、少年就学。

适龄儿童、少年的父母或者其他监护人以及有关社会组织和个人有义务使适龄儿童、少年接受并完成规定年限的义务教育。

第二十条　国家实行职业教育制度和继续教育制度。

各级人民政府、有关行政部门和行业组织以及企业事业组织应当采取措施，发展并保障公民接受职业学校教育或者各种形式的职业培训。

国家鼓励发展多种形式的继续教育，使公民接受适当形式的政治、经济、文化、科学、技术、业务等方面的教育，促进不同类型学习成果的互认和衔接，推动全民终身学习。

第二十一条　国家实行国家教育考试制度。

国家教育考试由国务院教育行政部门确定种类，并由国家批准的实施教育考试的机构承办。

第二十二条　国家实行学业证书制度。

经国家批准设立或者认可的学校及其他教育机构按照国家有关规定，颁发学历证书或者其他学业证书。

第二十三条　国家实行学位制度。

学位授予单位依法对达到一定学术水平或者专业技术水平的人员授予相应的学位，颁发学位证书。

第二十四条　各级人民政府、基层群众性自治组织和企业事业组织应当采取各种措施，开展扫除文盲的教育工作。

按照国家规定具有接受扫除文盲教育能力的公民，应当接受扫除文盲的教育。

第二十五条　国家实行教育督导制度和学校及其他教育机构教育评估制度。

第三章　学校及其他教育机构

第二十六条　国家制定教育发展规划，并举办学校及其他教育机构。

国家鼓励企业事业组织、社会团体、其他社会组织及公民个人依法举办学校及其他教育机构。国家举办学校及其他教育机构，应当坚持勤俭节约的原则。

以财政性经费、捐赠资产举办或者参与举办的学校及其他教育机构不得设立为营利性组织。

第二十七条　设立学校及其他教育机构，必须具备下列基本条件：

（一）有组织机构和章程；

（二）有合格的教师；

（三）有符合规定标准的教学场所及设施、设备等；

（四）有必备的办学资金和稳定的经费来源。

第二十八条　学校及其他教育机构的设立、变更和终止，应当按照国家有关规定办理审核、批准、注册或者备案手续。

第二十九条　学校及其他教育机构行使下列权利：

（一）按照章程自主管理；

（二）组织实施教育教学活动；

（三）招收学生或者其他受教育者；

（四）对受教育者进行学籍管理，实施奖励或者处分；

（五）对受教育者颁发相应的学业证书；

（六）聘任教师及其他职工，实施奖励或者处分；

（七）管理、使用本单位的设施和经费；

（八）拒绝任何组织和个人对教育教学活动的非法干涉；

（九）法律、法规规定的其他权利。国家保护学校及其他教育机构的合法权益不受侵犯。

第三十条　学校及其他教育机构应当履行下列义务：

（一）遵守法律、法规；

(二)贯彻国家的教育方针,执行国家教育教学标准,保证教育教学质量;

(三)维护受教育者、教师及其他职工的合法权益;

(四)以适当方式为受教育者及其监护人了解受教育者的学业成绩及其他有关情况提供便利;

(五)遵照国家有关规定收取费用并公开收费项目;

(六)依法接受监督。

第三十一条　学校及其他教育机构的举办者按照国家有关规定,确定其所举办的学校或者其他教育机构的管理体制。

学校及其他教育机构的校长或者主要行政负责人必须由具有中华人民共和国国籍、在中国境内定居、并具备国家规定任职条件的公民担任,其任免按照国家有关规定办理。学校的教学及其他行政管理,由校长负责。

学校及其他教育机构应当按照国家有关规定,通过以教师为主体的教职工代表大会等组织形式,保障教职工参与民主管理和监督。

第三十二条　学校及其他教育机构具备法人条件的,自批准设立或者登记注册之日起取得法人资格。

学校及其他教育机构在民事活动中依法享有民事权利,承担民事责任。

学校及其他教育机构中的国有资产属于国家所有。

学校及其他教育机构兴办的校办产业独立承担民事责任。

第四章　教师和其他教育工作者

第三十三条　教师享有法律规定的权利,履行法律规定的义务,忠诚于人民的教育事业。

第三十四条　国家保护教师的合法权益,改善教师的工作条件和生活条件,提高教师的社会地位。

教师的工资报酬、福利待遇,依照法律、法规的规定办理。

第三十五条　国家实行教师资格、职务、聘任制度,通过考核、奖励、培养和培训,提高教师素质,加强教师队伍建设。

第三十六条　学校及其他教育机构中的管理人员,实行教育职员制度。

学校及其他教育机构中的教学辅助人员和其他专业技术人员,实行专业技术职务聘任制度。

第五章　受教育者

第三十七条　受教育者在入学、升学、就业等方面依法享有平等权利。

学校和有关行政部门应当按照国家有关规定,保障女子在入学、升学、就业、授予学位、派出留学等方面享有同男子平等的权利。

第三十八条　国家、社会对符合入学条件、家庭经济困难的儿童、少年、青年,提供各种形式的资助。

第三十九条　国家、社会、学校及其他教育机构应当根据残疾人身心特性和需要实施教育,并为其提供帮助和便利。

第四十条　国家、社会、家庭、学校及其他教育机构应当为有违法犯罪行为的未成年人接受教育创造条件。

第四十一条　从业人员有依法接受职业培训和继续教育的权利和义务。

国家机关、企业事业组织和其他社会组织,应当为本单位职工的学习和培训提供条件和便利。

第四十二条　国家鼓励学校及其他教育机构、社会组织采取措施,为公民接受终身教育创造条件。

第四十三条　受教育者享有下列权利:

(一)参加教育教学计划安排的各种活动,使用教育教学设施、设备、图书资料;

(二)按照国家有关规定获得奖学金、贷学金、助学金;

(三)在学业成绩和品行上获得公正评价,完成规定的学业后获得相应的学业证书、学位证书;

(四)对学校给予的处分不服向有关部门提出申诉,对学校、教师侵犯其人身权、财产权等合法权益,提出申诉或者依法提起诉讼;

(五)法律、法规规定的其他权利。

第四十四条　受教育者应当履行下列义务:

(一)遵守法律、法规;

(二)遵守学生行为规范,尊敬师长,养成良好的思想品德和行为习惯;

(三)努力学习,完成规定的学习任务;

(四)遵守所在学校或者其他教育机构的管理制度。

第四十五条　教育、体育、卫生行政部门和学校及其他教育机构应当完善体育、卫生保健设施,保护学生的身心健康。

第六章　教育与社会

第四十六条　国家机关、军队、企业事业组织、社会团体及其他社会组织和个人,应当依法为儿童、少年、青年学生的身心健康成长创造良好的社会环境。

第四十七条　国家鼓励企业事业组织、社会团体及其他社会组织同高等学校、中等职业学校在教学、科研、技术开发和推广等方面进行多种形式的合作。

企业事业组织、社会团体及其他社会组织和个人，可以通过适当形式，支持学校的建设，参与学校管理。

第四十八条　国家机关、军队、企业事业组织及其他社会组织应当为学校组织的学生实习、社会实践活动提供帮助和便利。

第四十九条　学校及其他教育机构在不影响正常教育教学活动的前提下，应当积极参加当地的社会公益活动。

第五十条　未成年人的父母或者其他监护人应当为其未成年子女或者其他被监护人受教育提供必要条件。

未成年人的父母或者其他监护人应当配合学校及其他教育机构，对其未成年子女或者其他被监护人进行教育。

学校、教师可以对学生家长提供家庭教育指导。

第五十一条　图书馆、博物馆、科技馆、文化馆、美术馆、体育馆（场）等社会公共文化体育设施，以及历史文化古迹和革命纪念馆（地），应当对教师、学生实行优待，为受教育者接受教育提供便利。

广播、电视台（站）应当开设教育节目，促进受教育者思想品德、文化和科学技术素质的提高。

第五十二条　国家、社会建立和发展对未成年人进行校外教育的设施。

学校及其他教育机构应当同基层群众性自治组织、企业事业组织、社会团体相互配合，加强对未成年人的校外教育工作。

第五十三条　国家鼓励社会团体、社会文化机构及其他社会组织和个人开展有益于受教育者身心健康的社会文化教育活动。

第七章　教育投入与条件保障

第五十四条　国家建立以财政拨款为主、其他多种渠道筹措教育经费为辅的体制，逐步增加对教育的投入，保证国家举办的学校教育经费的稳定来源。

企业事业组织、社会团体及其他社会组织和个人依法举办的学校及其他教育机构，办学经费由举办者负责筹措，各级人民政府可以给予适当支持。

第五十五条　国家财政性教育经费支出占国民生产总值的比例应当随着国民经济的发展和财政收入的增长逐步提高。具体比例和实施步骤由国务院规定。

全国各级财政支出总额中教育经费所占比例应当随着国民经济的发展逐步提高。

第五十六条　各级人民政府的教育经费支出，按照事权和财权相统一的原则，在财政预算中单独列项。

各级人民政府教育财政拨款的增长应当高于财政经常性收入的增长，并使按在校学生人数平均的教育费用逐步增长，保证教师工资和学生人均公用经费逐步增长。

第五十七条　国务院及县级以上地方各级人民政府应当设立教育专项资金，重点扶持边远贫困地区、少数民族地区实施义务教育。

第五十八条　税务机关依法足额征收教育费附加，由教育行政部门统筹管理，主要用于实施义务教育。

省、自治区、直辖市人民政府根据国务院的有关规定，可以决定开征用于教育的地方附加费，专款专用。

第五十九条　国家采取优惠措施，鼓励和扶持学校在不影响正常教育教学的前提下开展勤工俭学和社会服务，兴办校办产业。

第六十条　国家鼓励境内、境外社会组织和个人捐资助学。

第六十一条　国家财政性教育经费、社会组织和个人对教育的捐赠，必须用于教育，不得挪用、克扣。

第六十二条　国家鼓励运用金融、信贷手段，支持教育事业的发展。

第六十三条　各级人民政府及其教育行政部门应当加强对学校及其他教育机构教育经费的监督管理，提高教育投资效益。

第六十四条　地方各级人民政府及其有关行政部门必须把学校的基本建设纳入城乡建设规划，统筹安排学校的基本建设用地及所需物资，按照国家有关规定实行优先、优惠政策。

第六十五条　各级人民政府对教科书及教学用图书资料的出版发行，对教学仪器、设备的生产和供应，对用于学校教育教学和科学研究的图书资料、教学仪器、设备的进口，按照国家有关规定实行优先、优惠政策。

第六十六条　国家推进教育信息化，加快教育信息基础设施建设，利用信息技术促进优质教育资源普及共享，提高教育教学水平和教育管理水平。

县级以上人民政府及其有关部门应当发展教育信息技术和其他现代化教学方式，有关行政部门应当优先安排，给予扶持。

国家鼓励学校及其他教育机构推广运用现代化教学方式。

第八章　教育对外交流与合作

第六十七条　国家鼓励开展教育对外交流与合作，支持学校及其他教育机构引进优质教育资源，依法开展中外合作办学，发展国际教育服务，培养国际化人才。

教育对外交流与合作坚持独立自主、平等互利、相互尊重的原则，不得违反中国法律，不得损害国家主权、安全和社会公共利益。

第六十八条　中国境内公民出国留学、研究、进行学术交流或者任教，依照国家有关规定办理。

第六十九条　中国境外个人符合国家规定的条件并办理有关手续后，可以进入中国境内学校及其他教育机构学习、研究、进行学术交流或者任教，其合法权益受国家保护。

第七十条　中国对境外教育机构颁发的学位证书、学历证书及其他学业证书的承认，依照中华人民共和国缔结或者加入的国际条约办理，或者按照国家有关规定办理。

第九章　法律责任

第七十一条　违反国家有关规定，不按照预算核拨教育经费的，由同级人民政府限期核拨；情节严重的，对直接负责的主管人员和其他直接责任人员，依法给予处分。

违反国家财政制度、财务制度，挪用、克扣教育经费的，由上级机关责令限期归还被挪用、克扣的经费，并对直接负责的主管人员和其他直接责任人员，依法给予处分；构成犯罪的，依法追究刑事责任。

第七十二条　结伙斗殴、寻衅滋事，扰乱学校及其他教育机构教育教学秩序或者破坏校舍、场地及其他财产的，由公安机关给予治安管理处罚；构成犯罪的，依法追究刑事责任。

侵占学校及其他教育机构的校舍、场地及其他财产的，依法承担民事责任。

第七十三条　明知校舍或者教育教学设施有危险，而不采取措施，造成人员伤亡或者重大财产损失的，对直接负责的主管人员和其他直接责任人员，依法追究刑事责任。

第七十四条　违反国家有关规定，向学校或者其他教育机构收取费用的，由政府责令退还所收费用；对直接负责的主管人员和其他直接责任人员，依法给予处分。

第七十五条　违反国家有关规定，举办学校或者其他教育机构的，由教育行政部门或者其他有关行政部门予以撤销；有违法所得的，没收违法所得；对直接负责的主管人员和其他直接责任人员，依法给予处分。

第七十六条　学校或者其他教育机构违反国家有关规定招收学生的，由教育行政部门或者其他有关行政部门责令退回招收的学生，退还所收费用；对学校、其他教育机构给予警告，可以处违法所得五倍以下罚款；情节严重的，责令停止相关招生资格一年以上三年以下，直至撤销招生资格、吊销办学许可证；对直接负责的主管人员和其他直接责任人员，依法给予处分；构成犯罪的，依法追究刑事责任。

第七十七条　在招收学生工作中徇私舞弊的，由教育行政部门或者其他有关行政部门责令退回招收的人员；对直接负责的主管人员和其他直接责任人员，依法给予处分；构成犯罪的，依法追究刑事责任。

第七十八条　学校及其他教育机构违反国家有关规定向受教育者收取费用的，由教育行政部门或者其他有关行政部门责令退还所收费用；对直接负责的主管人员和其他直接责任人员，依法给予处分。

第七十九条　考生在国家教育考试中有下列行为之一的，由组织考试的教育考试机构工作人员在考试现场采取必要措施予以制止并终止其继续参加考试；组织考试的教育考试机构可以取消其相关考试资格或者考试成绩；情节严重的，由教育行政部门责令停止参加相关国家教育考试一年以上三年以下；构成违反治安管理行为的，由公安机关依法给予治安管理处罚；构成犯罪的，依法追究刑事责任：

（一）非法获取考试试题或者答案的；

（二）携带或者使用考试作弊器材、资料的；

（三）抄袭他人答案的；

（四）让他人代替自己参加考试的；

（五）其他以不正当手段获得考试成绩的作弊行为。

第八十条　任何组织或者个人在国家教育考试中有下列行为之一，有违法所得的，由公安机关没收违法所得，并处违法所得一倍以上五倍以下罚款；情节严重的，处五日以上十五日以下拘留；构成犯罪的，依法追究刑事责任；属于国家机关工作人员的，还应当依法给予处分：

（一）组织作弊的；

（二）通过提供考试作弊器材等方式为作弊提供帮助或者便利的；

（三）代替他人参加考试的；

（四）在考试结束前泄露、传播考试试题或者答案的；

（五）其他扰乱考试秩序的行为。

第八十一条　举办国家教育考试，教育行政部门、教育考试机构疏于管理，造成考场秩序混乱、作弊情况严重的，对直接负责的主管人员和其他直接责任人员，依法给予处分；构成犯罪的，依法追究刑事责任。

第八十二条　学校或者其他教育机构违反本法规定，颁发学位证书、学历证书或者其他学业证书的，由教育行政部门或者其他有关行政部门宣布证书无效，责令收回或者予以没收；有违法所得的，没收违法所得；情节严重的，责令停止相关招生资格一年以上三年以下，直至撤销招生资格、颁发证书资格；对直接负责的主管人员和其他直接责任人员，依法给予处分。

前款规定以外的任何组织或者个人制造、销售、颁发假冒学位证书、学历证书或者其他学业证书，构成违反治安管理行为的，由公安机关依法给予治安管理处罚；构成犯罪的，依法追究刑事责任。

以作弊、剽窃、抄袭等欺诈行为或者其他不正当手段获得学位证书、学历证书或者其他学业证书的，由颁发机构撤销相关证书。购买、使用假冒学位证书、学历证书或者其他学业证书，构成违反治安管理行为的，由公安机关依法给予治安管理处罚。

第八十三条　违反本法规定，侵犯教师、受教育者、学校或者其他教育机构的合法权益，造成损失、损害的，应当依法承担民事责任。

第十章　附则

第八十四条　军事学校教育由中央军事委员会根据本法的原则规定。

宗教学校教育由国务院另行规定。

第八十五条　境外的组织和个人在中国境内办学和合作办学的办法，由国务院规定。

第八十六条　本法自 1995 年 9 月 1 日起施行。

附录2　中华人民共和国教师法

一九九三年十月三十一日第八届全国人民代表大会常务委员会第四次会议通过。

根据2009年8月27日第十一届全国人民代表大会常务委员会第十次会议通过的《全国人民代表大会常务委员会关于修改部分法律的决定》修正。

第一章　总则

第一条　为了保障教师的合法权益,建设具有良好思想品德修养和业务素质的教师队伍,促进社会主义教育事业的发展,制定本法。

第二条　本法适用于在各级各类学校和其他教育机构中专门从事教育教学工作的教师。

第三条　教师是履行教育教学职责的专业人员,承担教书育人,培养社会主义事业建设者和接班人、提高民族素质的使命。教师应当忠诚于人民的教育事业。

第四条　各级人民政府应当采取措施,加强教师的思想政治教育和业务培训,改善教师的工作条件和生活条件,保障教师的合法权益,提高教师的社会地位。全社会都应当尊重教师。

第五条　国务院教育行政部门主管全国的教师工作。

国务院有关部门在各自职权范围内负责有关的教师工作。

学校和其他教育机构根据国家规定,自主进行教师管理工作。

第六条　每年九月十日为教师节。

第二章　权利和义务

第七条　教师享有下列权利:

(一)进行教育教学活动,开展教育教学改革和实验;

(二)从事科学研究、学术交流,参加专业的学术团体,在学术活动中充分发表意见;

(三)指导学生的学习和发展,评定学生的品行和学业成绩;

(四)按时获取工资报酬,享受国家规定的福利待遇以及寒暑假期的带薪休假;

(五)对学校教育教学、管理工作和教育行政部门的工作提出意见和建议,通过教职工代表大会或者其他形式，参与学校的民主管理；

（六）参加进修或者其他方式的培训。

第八条　教师应当履行下列义务：

（一）遵守宪法、法律和职业道德，为人师表；

（二）贯彻国家的教育方针，遵守规章制度，执行学校的教学计划，履行教师聘约，完成教育教学工作任务；

（三）对学生进行宪法所确定的基本原则的教育和爱国主义、民族团结的教育，法制教育以及思想品德、文化、科学技术教育，组织、带领学生开展有益的社会活动；

（四）关心、爱护全体学生，尊重学生人格，促进学生在品德、智力、体质等方面全面发展；

（五）制止有害于学生的行为或者其他侵犯学生合法权益的行为，批评和抵制有害于学生健康成长的现象；

（六）不断提高思想政治觉悟和教育教学业务水平。

第九条　为保障教师完成教育教学任务，各级人民政府、教育行政部门、有关部门、学校和其他教育机构应当履行下列职责：

（一）提供符合国家安全标准的教育教学设施和设备；

（二）提供必需的图书、资料及其他教育教学用品；

（三）对教师在教育教学、科学研究中的创造性工作给以鼓励和帮助；

（四）支持教师制止有害于学生的行为或者其他侵犯学生合法权益的行为。

第三章　资格和任用

第十条　国家实行教师资格制度。中国公民凡遵守宪法和法律，热爱教育事业，具有良好的思想品德，具备本法规定的学历或者经国家教师资格考试合格，有教育教学能力，经认定合格的，可以取得教师资格。

第十一条　取得教师资格应当具备的相应学历是：

（一）取得幼儿园教师资格，应当具备幼儿师范学校毕业及其以上学历；

（二）取得小学教师资格，应当具备中等师范学校毕业及其以上学历；

（三）取得初级中学教师，初级职业学校文化、专业课教师资格，应当具备高等师范专科学校或者其他大学专科毕业及其以上学历；

（四）取得高级中学教师资格和中等专业学校、技工学校、职业高中文化课、专业课教师资格，应当具备高等师范院校本科或者其他大学本科毕业及其以上学历；取得中等专业学校、技工学校和职业高中学生实习指导教师资格应当具备的学历，由国务院教育行政部门规定；

（五）取得高等学校教师资格，应当具备研究生或者大学本科毕业学历；

（六）取得成人教育教师资格，应当按照成人教育的层次、类别，分别具备高等、中等学校毕业及其以上学历。不具备本法规定的教师资格学历的公民，申请获取教师资格，必须通过国家教师资格考试。国家教师资格考试制度由国务院规定。

第十二条　本法实施前已经在学校或者其他教育机构中任教的教师，未具备本法规定学历的，由国务院教育行政部门规定教师资格过渡办法。

第十三条　中小学教师资格由县级以上地方人民政府教育行政部门认定。中等专业学校、技工学校的教师资格由县级以上地方人民政府教育行政部门组织有关主管部门认定。普通高等学校的教师资格由国务院或者省、自治区、直辖市教育行政部门或者由其委托的学校认定。具备本法规定的学历或者经国家教师资格考试合格的公民，要求有关部门认定其教师资格的，有关部门应当依照本法规定的条件予以认定。取得教师资格的人员首次任教时，应当有试用期。

第十四条　受到剥夺政治权利或者故意犯罪受到有期徒刑以上刑事处罚的，不能取得教师资格；已经取得教师资格的，丧失教师资格。

第十五条　各级师范学校毕业生，应当按照国家有关规定从事教育教学工作。国家鼓励非师范高等学校毕业生到中小学或者职业学校任教。

第十六条　国家实行教师职务制度，具体办法由国务院规定。

第十七条　学校和其他教育机构应当逐步实行教师聘任制。教师的聘任应当遵循双方地位平等的原则，由学位和教师签订聘任合同，明确规定双方的权利、义务和责任。实施教师聘任制的步骤、办法由国务院教育行政部门规定。

第四章　培养和培训

第十八条　各级人民政府和有关部门应当办好师范教育，并采取措施，鼓励优秀青年进入各级师范学校学习。各级教师进修学校承担培训中小学教师的任务。非师范学校应当承担培养和培训中小学教师的任务。各级师范学校学生享受专业奖学金。

第十九条　各级人民政府教育行政部门、学校主管部门和学校应当制定教师培训规划，对教师进行多种形式的思想政治、业务培训。

第二十条　国家机关、企业事业单位和其他社会组织应当为教师的社会调查和社会实践提供方便，给予协助。

第二十一条　各级人民政府应当采取措施，为少数民族地区和边远贫困地区培养、培训教师。

第五章 考核

第二十二条　学校或者其他教育机构应当对教师的政治思想、业务水平、工作态度和工作成绩进行考核。教育行政部门对教师的考核工作进行指导、监督。

第二十三条　考核应当客观、公正、准确，充分听取教师本人、其他教师以及学生的意见。

第二十四条　教师考核结果是受聘任教、晋升工资、实施奖惩的依据。

第六章 待遇

第二十五条　教师的平均工资水平应当不低于或者高于国家公务员的平均工资水平，并逐步提高。建立正常晋级增薪制度，具体办法由国务院规定。

第二十六条　中小学教师和职业学校教师享受教龄津贴和其他津贴，具体办法由国务院教育行政部门会同有关部门制定。

第二十七条　地方各级人民政府对教师以及具有中专以上学历的毕业生到少数民族地区和边远贫困地区从事教育教学工作的，应当予以补贴。

第二十八条　地方各级人民政府和国务院有关部门，对城市教师住房的建设、租赁、出售实行优先、优惠。县、乡两级人民政府应当为农村中小学教师解决住房提供方便。

第二十九条　教师的医疗同当地国家公务员享受同等的待遇；定期对教师进行身体健康检查，并因地制宜安排教师进行休养。医疗机构应当对当地教师的医疗提供方便。

第三十条　教师退休或者退职后，享受国家规定的退休或者退职待遇。县级以上地方人民政府可以适当提高长期从事教育教学工作的中小学退休教师的退休金比例。

第三十一条　各级人民政府应当采取措施，改善国家补助、集体支付工资的中小学教师的待遇，逐步做到在工资收入上与国家支付工资的教师同工同酬，具体办法由地方各级人民政府根据本地区的实际情况规定。

第三十二条　社会力量所办学校的教师的待遇，由举办者自行确定并予以保障。

第七章 奖励

第三十三条　教师在教育教学、培养人才、科学研究、教学改革、学校建设、社会服务、勤工俭学等方面成绩优异的，由所在学校予以表彰、奖励。国务院和地方各级人民政府及其有关部门对有突出贡献的教师,应当予以表彰、奖励。对有重大贡献的教师,依照国家有关规定授予荣誉称号。

第三十四条　国家支持和鼓励社会组织或者个人向依法成立的奖励教师的基金组织捐助资金,对教师进行奖励。

第八章　法律责任

第三十五条　侮辱、殴打教师的,根据不同情况,分别给予行政处分或者行政处罚;造成损害的,责令赔偿损失;情节严重,构成犯罪的,依法追究刑事责任。

第三十六条　对依法提出申诉、控告、检举的教师进行打击报复的,由其所在单位或者上级机关责令改正;情节严重的,可以根据具体情况给予行政处分。国家工作人员对教师打击报复构成犯罪的,依照刑法有关规定追究刑事责任。

第三十七条　教师有下列情形之一的,由所在学校、其他教育机构或者教育行政部门给予行政处分或者解聘:

(一)故意不完成教育教学任务给教育教学工作造成损失的;

(二)体罚学生,经教育不改的;

(三)品行不良、侮辱学生,影响恶劣的。

教师有前款第(二)项、第(三)项所列情形之一,情节严重,构成犯罪的,依法追究刑事责任。

第三十八条　地方人民政府对违反本法规定,拖欠教师工资或者侵犯教师其他合法权益的,应当责令其限期改正。违反国家财政制度、财务制度,挪用国家财政用于教育的经费,严重妨碍教育教学工作,拖欠教师工资,损害教师合法权益的,由上级机关责令限期归还被挪用的经费,并对直接责任人员给予行政处分;情节严重,构成犯罪的,依法追究刑事责任。

第三十九条　教师对学校或者其他教育机构侵犯其合法权益的,或者对学校或者其他教育机构作出的处理不服的,可以向教育行政部门提出申诉,教育行政部门应当在接到申诉的三十日内,作出处理。教师认为当地人民政府有关行政部门侵犯其根据本法规定享有的权利的,可以向同级人民政府或者上一级人民政府有关部门提出申诉,同级人民政府或者上一级人民政府有关部门应当作出处理。

第九章　附则

第四十条　本法下列用语的含义是:

(一)各级各类学校,是指实施学前教育、普通初等教育、普通中等教育、职业教育、普通高等教育以及特殊教育、成人教育的学校。

（二）其他教育机构，是指少年宫以及地方教研室、电化教育机构等。

（三）中小学教师，是指幼儿园、特殊教育机构、普通中小学、成人初等中等教育机构、职业中学以及其他教育机构的教师。

第四十一条　学校和其他教育机构中的教育教学辅助人员，其他类型的学校的教师和教育教学辅助人员，可以根据实际情况参照本法的有关规定执行。军队所属院校的教师和教育教学辅助人员，由中央军事委员会依照本法制定有关规定。

第四十二条　外籍教师的聘任办法由国务院教育行政部门规定。

第四十三条　本法自 1994 年 1 月 1 日起施行。

附录3　中华人民共和国高等教育法

1998 年 8 月 29 日第九届全国人民代表大会常务委员会第四次会议通过。

根据 2015 年 12 月 27 日第十二届全国人民代表大会常务委员会第十八次会议《关于修改〈中华人民共和国高等教育法〉的决定》第一次修正。

根据 2018 年 12 月 29 日第十三届全国人民代表大会常务委员会第七次会议《关于修改〈中华人民共和国电力法〉等四部法律的决定》第二次修正。

第一章　总则

第一条　为了发展高等教育事业，实施科教兴国战略，促进社会主义物质文明和精神文明建设，根据宪法和教育法，制定本法。

第二条　在中华人民共和国境内从事高等教育活动，适用本法。

本法所称高等教育，是指在完成高级中等教育基础上实施的教育。

第三条　国家坚持以马克思列宁主义、毛泽东思想、邓小平理论为指导，遵循宪法确定的基本原则，发展社会主义的高等教育事业。

第四条　高等教育必须贯彻国家的教育方针，为社会主义现代化建设服务、为人民服务，与生产劳动和社会实践相结合，使受教育者成为德、智、体、美等方面全面发展的社会主义建设者和接班人。

第五条　高等教育的任务是培养具有社会责任感、创新精神和实践能力的高级专门人才，发展科学技术文化，促进社会主义现代化建设。

第六条　国家根据经济建设和社会发展的需要，制定高等教育发展规划，举办高等学校，并采取多种形式积极发展高等教育事业。

国家鼓励企业事业组织、社会团体及其他社会组织和公民等社会力量依法举办高等学校，参与和支持高等教育事业的改革和发展。

第七条　国家按照社会主义现代化建设和发展社会主义市场经济的需要，根据不同类型、不同层次高等学校的实际，推进高等教育体制改革和高等教育教学改革，优化高等教育结构和资源配置，提高高等教育的质量和效益。

第八条　国家根据少数民族的特点和需要，帮助和支持少数民族地区发展高等教育事业，为少数民族培养高级专门人才。

第九条　公民依法享有接受高等教育的权利。

国家采取措施，帮助少数民族学生和经济困难的学生接受高等教育。

高等学校必须招收符合国家规定的录取标准的残疾学生入学，不得因其残疾而拒绝招收。

第十条 国家依法保障高等学校中的科学研究、文学艺术创作和其他文化活动的自由。

在高等学校中从事科学研究、文学艺术创作和其他文化活动，应当遵守法律。

第十一条 高等学校应当面向社会，依法自主办学，实行民主管理。

第十二条 国家鼓励高等学校之间、高等学校与科学研究机构以及企业事业组织之间开展协作，实行优势互补，提高教育资源的使用效益。

国家鼓励和支持高等教育事业的国际交流与合作。

第十三条 国务院统一领导和管理全国高等教育事业。

省、自治区、直辖市人民政府统筹协调本行政区域内的高等教育事业，管理主要为地方培养人才和国务院授权管理的高等学校。

第十四条 国务院教育行政部门主管全国高等教育工作，管理由国务院确定的主要为全国培养人才的高等学校。国务院其他有关部门在国务院规定的职责范围内，负责有关的高等教育工作。

第二章 高等教育基本制度

第十五条 高等教育包括学历教育和非学历教育。

高等教育采用全日制和非全日制教育形式。

国家支持采用广播、电视、函授及其他远程教育方式实施高等教育。

第十六条 高等学历教育分为专科教育、本科教育和研究生教育。

高等学历教育应当符合下列学业标准：

(一)专科教育应当使学生掌握本专业必备的基础理论、专门知识，具有从事本专业实际工作的基本技能和初步能力；

(二)本科教育应当使学生比较系统地掌握本学科、专业必需的基础理论、基本知识，掌握本专业必要的基本技能、方法和相关知识，具有从事本专业实际工作和研究工作的初步能力；

(三)硕士研究生教育应当使学生掌握本学科坚实的基础理论、系统的专业知识，掌握相应的技能、方法和相关知识，具有从事本专业实际工作和科学研究工作的能力。博士研究生教育应当使学生掌握本学科坚实宽广的基础理论、系统深入的专业知识、相应的技能和方法，具有独立从事本学科创造性科学研究工作和实际工作的能力。

第十七条 专科教育的基本修业年限为二至三年，本科教育的基本修业年限为四至五年，硕士研究生教育的基本修业年限为二至三年，博士研究生教育的基本修业年限为三至四年。非全日制高等学历教育的修业年限应当适当延长。高等学校根据实际需要，可以对本学校的修业年限作出调整。

第十八条　高等教育由高等学校和其他高等教育机构实施。

大学、独立设置的学院主要实施本科及本科以上教育。高等专科学校实施专科教育。经国务院教育行政部门批准，科学研究机构可以承担研究生教育的任务。

其他高等教育机构实施非学历高等教育。

第十九条　高级中等教育毕业或者具有同等学力的，经考试合格，由实施相应学历教育的高等学校录取，取得专科生或者本科生入学资格。

本科毕业或者具有同等学力的，经考试合格，由实施相应学历教育的高等学校或者经批准承担研究生教育任务的科学研究机构录取，取得硕士研究生入学资格。

硕士研究生毕业或者具有同等学力的，经考试合格，由实施相应学历教育的高等学校或者经批准承担研究生教育任务的科学研究机构录取，取得博士研究生入学资格。

允许特定学科和专业的本科毕业生直接取得博士研究生入学资格，具体办法由国务院教育行政部门规定。

第二十条　接受高等学历教育的学生，由所在高等学校或者经批准承担研究生教育任务的科学研究机构根据其修业年限、学业成绩等，按照国家有关规定，发给相应的学历证书或者其他学业证书。

接受非学历高等教育的学生，由所在高等学校或者其他高等教育机构发给相应的结业证书。结业证书应当载明修业年限和学业内容。

第二十一条　国家实行高等教育自学考试制度，经考试合格的，发给相应的学历证书或者其他学业证书。

第二十二条　国家实行学位制度。学位分为学士、硕士和博士。

公民通过接受高等教育或者自学，其学业水平达到国家规定的学位标准，可以向学位授予单位申请授予相应的学位。

第二十三条　高等学校和其他高等教育机构应当根据社会需要和自身办学条件，承担实施继续教育的工作。

第三章　高等学校的设立

第二十四条　设立高等学校，应当符合国家高等教育发展规划，符合国家利益和社会公共利益。

第二十五条　设立高等学校，应当具备教育法规定的基本条件。

大学或者独立设置的学院还应当具有较强的教学、科学研究力量，较高的教学、科学研究水平和相应规模，能够实施本科及本科以上教育。大学还必须设有三个以上国家规定的学科门类为主要学科。设立高等学校的具体标准由国务院制定。

设立其他高等教育机构的具体标准，由国务院授权的有关部门或者省、自治区、直辖市人民政府根据国务院规定的原则制定。

第二十六条　设立高等学校，应当根据其层次、类型、所设学科类别、规模、教学和科学研究水平，使用相应的名称。

第二十七条　申请设立高等学校的，应当向审批机关提交下列材料：

（一）申办报告；

（二）可行性论证材料；

（三）章程；

（四）审批机关依照本法规定要求提供的其他材料。

第二十八条　高等学校的章程应当规定以下事项：

（一）学校名称、校址；

（二）办学宗旨；

（三）办学规模；

（四）学科门类的设置；

（五）教育形式；

（六）内部管理体制；

（七）经费来源、财产和财务制度；

（八）举办者与学校之间的权利、义务；

（九）章程修改程序；

（十）其他必须由章程规定的事项。

第二十九条　设立实施本科及以上教育的高等学校，由国务院教育行政部门审批；设立实施专科教育的高等学校，由省、自治区、直辖市人民政府审批，报国务院教育行政部门备案；设立其他高等教育机构，由省、自治区、直辖市人民政府教育行政部门审批。审批设立高等学校和其他高等教育机构应当遵守国家有关规定。

审批设立高等学校，应当委托由专家组成的评议机构评议。

高等学校和其他高等教育机构分立、合并、终止，变更名称、类别和其他重要事项，由本条第一款规定的审批机关审批；修改章程，应当根据管理权限，报国务院教育行政部门或者省、自治区、直辖市人民政府教育行政部门核准。

第四章　高等学校的组织和活动

第三十条　高等学校自批准设立之日起取得法人资格。高等学校的校长为高等学校的法定代表人。

高等学校在民事活动中依法享有民事权利，承担民事责任。

第三十一条　高等学校应当以培养人才为中心，开展教学、科学研究和社会服务，保证教育教学质量达到国家规定的标准。

第三十二条　高等学校根据社会需求、办学条件和国家核定的办学规模，制定招生方案，自主调节系科招生比例。

第三十三条　高等学校依法自主设置和调整学科、专业。

第三十四条　高等学校根据教学需要，自主制定教学计划、选编教材、组织实施教学活动。

第三十五条　高等学校根据自身条件，自主开展科学研究、技术开发和社会服务。

国家鼓励高等学校同企业事业组织、社会团体及其他社会组织在科学研究、技术开发和推广等方面进行多种形式的合作。

国家支持具备条件的高等学校成为国家科学研究基地。

第三十六条　高等学校按照国家有关规定，自主开展与境外高等学校之间的科学技术文化交流与合作。

第三十七条　高等学校根据实际需要和精简、效能的原则，自主确定教学、科学研究、行政职能部门等内部组织机构的设置和人员配备；按照国家有关规定，评聘教师和其他专业技术人员的职务，调整津贴及工资分配。

第三十八条　高等学校对举办者提供的财产、国家财政性资助、受捐赠财产依法自主管理和使用。

高等学校不得将用于教学和科学研究活动的财产挪作他用。

第三十九条　国家举办的高等学校实行中国共产党高等学校基层委员会领导下的校长负责制。中国共产党高等学校基层委员会按照中国共产党章程和有关规定，统一领导学校工作，支持校长独立负责地行使职权，其领导职责主要是：执行中国共产党的路线、方针、政策，坚持社会主义办学方向，领导学校的思想政治工作和德育工作，讨论决定学校内部组织机构的设置和内部组织机构负责人的人选，讨论决定学校的改革、发展和基本管理制度等重大事项，保证以培养人才为中心的各项任务的完成。

社会力量举办的高等学校的内部管理体制按照国家有关社会力量办学的规定确定。

第四十条　高等学校的校长，由符合教育法规定的任职条件的公民担任。高等学校的校长、副校长按照国家有关规定任免。

第四十一条　高等学校的校长全面负责本学校的教学、科学研究和其他行政管理工作，行使下列职权：

（一）拟订发展规划，制定具体规章制度和年度工作计划并组织实施；

（二）组织教学活动、科学研究和思想品德教育；

（三）拟订内部组织机构的设置方案，推荐副校长人选，任免内部组织机构的负责人；

（四）聘任与解聘教师以及内部其他工作人员，对学生进行学籍管理并实施奖励或者处分；

（五）拟订和执行年度经费预算方案，保护和管理校产，维护学校的合法权益；

（六）章程规定的其他职权。

高等学校的校长主持校长办公会议或者校务会议，处理前款规定的有关事项。

第四十二条　高等学校设立学术委员会，履行下列职责：

（一）审议学科建设、专业设置，教学、科学研究计划方案；

（二）评定教学、科学研究成果；

（三）调查、处理学术纠纷；

（四）调查、认定学术不端行为；

（五）按照章程审议、决定有关学术发展、学术评价、学术规范的其他事项。

第四十三条　高等学校通过以教师为主体的教职工代表大会等组织形式，依法保障教职工参与民主管理和监督，维护教职工合法权益。

第四十四条　高等学校应当建立本学校办学水平、教育质量的评价制度，及时公开相关信息，接受社会监督。

教育行政部门负责组织专家或者委托第三方专业机构对高等学校的办学水平、效益和教育质量进行评估。评估结果应当向社会公开。

第五章　高等学校教师和其他教育工作者

第四十五条　高等学校的教师及其他教育工作者享有法律规定的权利，履行法律规定的义务，忠诚于人民的教育事业。

第四十六条　高等学校实行教师资格制度。中国公民凡遵守宪法和法律，热爱教育事业，具有良好的思想品德，具备研究生或者大学本科毕业学历，有相应的教育教学能力，经认定合格，可以取得高等学校教师资格。不具备研究生或者大学本科毕业学历的公民，学有所长，通过国家教师资格考试，经认定合格，也可以取得高等学校教师资格。

第四十七条　高等学校实行教师职务制度。高等学校教师职务根据学校所承担的教学、科学研究等任务的需要设置。教师职务设助教、讲师、副教授、教授。

高等学校的教师取得前款规定的职务应当具备下列基本条件：

(一)取得高等学校教师资格；

(二)系统地掌握本学科的基础理论；

(三)具备相应职务的教育教学能力和科学研究能力；

(四)承担相应职务的课程和规定课时的教学任务。

教授、副教授除应当具备以上基本任职条件外，还应当对本学科具有系统而坚实的基础理论和比较丰富的教学、科学研究经验，教学成绩显著，论文或者著作达到较高水平或者有突出的教学、科学研究成果。

高等学校教师职务的具体任职条件由国务院规定。

第四十八条　高等学校实行教师聘任制。教师经评定具备任职条件的，由高等学校按照教师职务的职责、条件和任期聘任。

高等学校的教师的聘任，应当遵循双方平等自愿的原则，由高等学校校长与受聘教师签订聘任合同。

第四十九条　高等学校的管理人员，实行教育职员制度。高等学校的教学辅助人员及其他专业技术人员，实行专业技术职务聘任制度。

第五十条　国家保护高等学校教师及其他教育工作者的合法权益，采取措施改善高等学校教师及其他教育工作者的工作条件和生活条件。

第五十一条　高等学校应当为教师参加培训、开展科学研究和进行学术交流提供便利条件。

高等学校应当对教师、管理人员和教学辅助人员及其他专业技术人员的思想政治表现、职业道德、业务水平和工作实绩进行考核，考核结果作为聘任或者解聘、晋升、奖励或者处分的依据。

第五十二条　高等学校的教师、管理人员和教学辅助人员及其他专业技术人员，应当以教学和培养人才为中心做好本职工作。

第六章　高等学校的学生

第五十三条　高等学校的学生应当遵守法律、法规，遵守学生行为规范和学校的各项管理制度，尊敬师长，刻苦学习，增强体质，树立爱国主义、集体主义和社会主义思想，努力学习马克思列宁主义、毛泽东思想、邓小平理论，具有良好的思想品德，掌握较高的科学文化知识和专业技能。

高等学校学生的合法权益，受法律保护。

第五十四条　高等学校的学生应当按照国家规定缴纳学费。

家庭经济困难的学生，可以申请补助或者减免学费。

第五十五条　国家设立奖学金，并鼓励高等学校、企业事业组织、社会团体以及其他社会组织和个人按照国家有关规定设立各种形式的奖学金，对品学兼优的学生、国家规定的专业的学生以及到国家规定的地区工作的学生给予奖励。

国家设立高等学校学生勤工助学基金和贷学金，并鼓励高等学校、企业事业组织、社会团体以及其他社会组织和个人设立各种形式的助学金，对家庭经济困难的学生提供帮助。

获得贷学金及助学金的学生，应当履行相应的义务。

第五十六条　高等学校的学生在课余时间可以参加社会服务和勤工助学活动，但不得影响学业任务的完成。

高等学校应当对学生的社会服务和勤工助学活动给予鼓励和支持，并进行引导和管理。

第五十七条　高等学校的学生，可以在校内组织学生团体。学生团体在法律、法规规定的范围内活动，服从学校的领导和管理。

第五十八条　高等学校的学生思想品德合格，在规定的修业年限内学完规定的课程，成绩合格或者修满相应的学分，准予毕业。

第五十九条　高等学校应当为毕业生、结业生提供就业指导和服务。

国家鼓励高等学校毕业生到边远、艰苦地区工作。

第七章　高等教育投入和条件保障

第六十条　高等教育实行以举办者投入为主、受教育者合理分担培养成本、高等学校多种渠道筹措经费的机制。

国务院和省、自治区、直辖市人民政府依照教育法第五十六条的规定，保证国家举办的高等教育的经费逐步增长。

国家鼓励企业事业组织、社会团体及其他社会组织和个人向高等教育投入。

第六十一条　高等学校的举办者应当保证稳定的办学经费来源，不得抽回其投入的办学资金。

第六十二条　国务院教育行政部门会同国务院其他有关部门根据在校学生年人均教育成本，规定高等学校年经费开支标准和筹措的基本原则；省、自治区、直辖市人民政府教育行政部门会同有关部门制订本行政区域内高等学校年经费开支标准和筹措办法，作为举办者和高等学校筹措办学经费的基本依据。

第六十三条　国家对高等学校进口图书资料、教学科研设备以及校办产业实行优惠政策。高等学校所办产业或者转让知识产权以及其他科学技术成果获得的收益，用于高等学校办学。

第六十四条　高等学校收取的学费应当按照国家有关规定管理和使用，其他任何组织和个人不得挪用。

第六十五条　高等学校应当依法建立、健全财务管理制度，合理使用、严格管理教育经费，提高教育投资效益。

高等学校的财务活动应当依法接受监督。

第八章　附则

第六十六条　对高等教育活动中违反教育法规定的，依照教育法的有关规定给予处罚。

第六十七条　中国境外个人符合国家规定的条件并办理有关手续后，可以进入中国境内高等学校学习、研究、进行学术交流或者任教，其合法权益受国家保护。

第六十八条　本法所称高等学校是指大学、独立设置的学院和高等专科学校，其中包括高等职业学校和成人高等学校。

本法所称其他高等教育机构是指除高等学校和经批准承担研究生教育任务的科学研究机构以外的从事高等教育活动的组织。

本法有关高等学校的规定适用于其他高等教育机构和经批准承担研究生教育任务的科学研究机构，但是对高等学校专门适用的规定除外。

第六十九条　本法自 1999 年 1 月 1 日起施行。

附录 4 高等学校教师职业道德规范

一、爱国守法。热爱祖国，热爱人民，拥护中国共产党领导，拥护中国特色社会主义制度。遵守宪法和法律法规，贯彻党和国家教育方针，依法履行教师职责，维护社会稳定和校园和谐。不得有损害国家利益和不利于学生健康成长的言行。

二、敬业爱生。忠诚人民教育事业，树立崇高职业理想，以人才培养、科学研究、社会服务和文化传承创新为己任。恪尽职守，甘于奉献。终身学习，刻苦钻研。真心关爱学生，严格要求学生，公正对待学生，做学生良师益友。不得损害学生和学校的合法权益。

三、教书育人。坚持育人为本，立德树人。遵循教育规律，实施素质教育。注重学思结合，知行合一，因材施教，不断提高教育质量。严慈相济，教学相长，诲人不倦。尊重学生个性，促进学生全面发展。不拒绝学生的合理要求。不得从事影响教育教学工作的兼职。

四、严谨治学。弘扬科学精神，勇于探索，追求真理，修正错误，精益求精。实事求是，发扬民主，团结合作，协同创新。秉持学术良知，恪守学术规范。尊重他人劳动和学术成果，维护学术自由和学术尊严。诚实守信，力戒浮躁。坚决抵制学术失范和学术不端行为。

五、服务社会。勇担社会责任，为国家富强、民族振兴和人类进步服务。传播优秀文化，普及科学知识。热心公益，服务大众。主动参与社会实践，自觉承担社会义务，积极提供专业服务。坚决反对滥用学术资源和学术影响。

六、为人师表。学为人师，行为世范。淡泊名利，志存高远。树立优良学风教风，以高尚师德、人格魅力和学识风范教育感染学生。模范遵守社会公德，维护社会正义，引领社会风尚。言行雅正，举止文明。自尊自律，清廉从教，以身作则。自觉抵制有损教师职业声誉的行为。

附录5　教育部关于高校教师师德失范行为处理的指导意见

教师〔2018〕17号

各省、自治区、直辖市教育厅（教委），新疆生产建设兵团教育局，有关部门（单位）教育司（局），部属各高等学校、部省合建各高等学校：

为进一步规范高校教师履职履责行为，落实立德树人根本任务，弘扬新时代高校教师道德风尚，努力建设有理想信念、有道德情操、有扎实学识、有仁爱之心的高校教师队伍，现就教师违反《高等学校教师职业道德规范》《教育部关于建立健全高校师德建设长效机制的意见》和《新时代高校教师职业行为十项准则》等规定，发生师德失范行为的处理提出如下指导意见。

一、各高校要严格落实师德建设主体责任，建立完善党委统一领导、党政齐抓共管、牵头部门明确、院（系）具体落实、教师自我约束的工作机制。党委书记和校长抓师德同责，是师德建设第一责任人。院（系）行政主要负责人对本单位师德建设负直接领导责任，院（系）党组织主要负责人也负有直接领导责任。

二、高校教师要自觉加强师德修养，严格遵守师德规范，严以律己，为人师表，把教书育人和自我修养结合起来，坚持以德立身、以德立学、以德施教、以德育德。发生师德失范行为，本人要承担相应责任。

三、对高校教师师德失范行为实行“一票否决”。高校教师出现违反师德行为的，根据情节轻重，给予相应处理或处分。情节较轻的，给予批评教育、诫勉谈话、责令检查、通报批评，以及取消其在评奖评优、职务晋升、职称评定、岗位聘用、工资晋级、干部选任、申报人才计划、申报科研项目等方面的资格。担任研究生导师的，还应采取限制招生名额、停止招生资格直至取消导师资格的处理。以上取消相关资格处理的执行期限不得少于24个月。情节较重应当给予处分的，还应根据《事业单位工作人员处分暂行规定》给予行政处分，包括警告、记过、降低岗位等级或撤职、开除，需要解除聘用合同的，按照《事业单位人事管理条例》相关规定进行处理。情节严重、影响恶劣的，应当依据《教师资格条例》报请主管教育部门撤销其教师资格。是中共党员的，同时给予党纪处分。涉嫌违法犯罪的，及时移送司法机关依法处理。

四、对师德失范行为的处理，应坚持公平公正、教育与惩处相结合的原则，做到事实清楚、证据确凿、定性准确、处理适当、程序合法、手续完备。

五、高校要建立健全师德失范行为受理与调查处理机制，指定或设立专门组织负责，明确受理、调查、认定、处理、复核、监督等处理程序。在教师师德失范行为调查过程中，应听取教师本人的陈述和申辩，同时当事各方均不应公开调查的有关内容。教师对处理决定不服的，按照国家有关规定提出复核、申诉。对高校教师的处理，在期满后根据悔改表现予以延期或解除，处理决定和处理解除决定都应完整存入个人人事档案。

六、高校师德师风建设要坚持权责对等、分级负责、层层落实、失责必问、问责必严的原则。对于相关单位和责任人不履行或不正确履行职责，有下列情形之一的，根据职责权限和责任划分进行问责：

(一)师德师风制度建设、日常教育监督、舆论宣传、预防工作不到位；

(二)师德失范问题排查发现不及时；

(三)对已发现的师德失范行为处置不力、方式不当；

(四)已作出的师德失范行为处理决定落实不到位，师德失范行为整改不彻底；

(五)多次出现师德失范问题或因师德失范行为引起不良社会影响；

(六)其他应当问责的失职失责情形。

七、教师出现师德失范问题，所在院(系)行政主要负责人和党组织主要负责人需向学校分别做出检讨，由学校依据有关规定视情节轻重采取约谈、诫勉谈话、通报批评、纪律处分和组织处理等方式进行问责。

八、教师出现师德失范问题，学校需向上级主管部门做出说明，并引以为戒，进行自查自纠与落实整改。如有学校反复出现师德失范问题，分管校领导应向学校做出检讨，学校应在上级主管部门督导下进行整改。

九、各地各校应当依据本意见制定高校教师师德失范行为负面清单及处理办法，并报上级主管部门备案。

十、民办高校的劳动人事管理执行《中华人民共和国劳动合同法》规定，对教师师德失范行为的处理，遵照本指导意见执行。

教育部

2018 年 11 月 8 日

附录6 教育部关于全面落实研究生导师立德树人职责的意见

教研〔2018〕1号

各省、自治区、直辖市教育厅(教委),新疆生产建设兵团教育局,有关部门(单位)教育司(局),中央军委训练管理部职业教育局,部属各高等学校:

研究生教育作为国民教育体系的顶端,是培养高层次专门人才的主要途径,是国家人才竞争的重要支柱,是建设创新型国家的核心要素。研究生导师是我国研究生培养的关键力量,肩负着培养国家高层次创新人才的使命与重任。为贯彻全国高校思想政治工作会议精神努力造就一支有理想信念、道德情操、扎实学识、仁爱之心的研究生导师队伍,全面落实研究生导师立德树人职责,制定本意见。

一、指导思想和总体要求

1.指导思想。高举中国特色社会主义伟大旗帜,以马克思列宁主义、毛泽东思想、邓小平理论、"三个代表"重要思想、科学发展观、习近平新时代中国特色社会主义思想为指导,增强中国特色社会主义道路自信、理论自信、制度自信、文化自信。全面贯彻党的教育方针,把立德树人作为研究生导师的首要职责,为实现"两个一百年"奋斗目标、实现中华民族伟大复兴的中国梦,培养德才兼备、全面发展的高层次专门人才。

2.总体要求。落实导师是研究生培养第一责任人的要求,坚持社会主义办学方向,坚持教书和育人相统一,坚持言传和身教相统一,坚持潜心问道和关注社会相统一,坚持学术自由和学术规范相统一,以德立身、以德立学、以德施教。遵循研究生教育规律,创新研究生指导方式,潜心研究生培养,全过程育人、全方位育人,做研究生成长成才的指导者和引路人。

二、强化研究生导师基本素质要求

3.政治素质过硬。坚持正确的政治方向,拥护中国共产党的领导,不断提高思想政治觉悟;贯彻党的教育方针,严格执行国家教育政策,坚持教育为人民服务,为中国共产党治国理政服务,为巩固和发展中国特色社会主义制度服务,为改革开放和社会主义现代化建设服务;自觉维护祖国统一、民族团结,具有高度的政治责任感，将思想教育与专业教育有机统一，成为社会主义核心价值观的坚定信仰者、积极传播者、模范实践者。

4.师德师风高尚。模范遵守教师职业道德规范，为人师表，爱岗敬业，以高尚的道德情操和人格魅力感染、引导学生，成为先进思想文化的传承者和社会进步的积极推动者；谨遵学术规范，恪守学术道德，自觉维护公平正义和风清气正的学术环境；科学选才，规范招生，正确行使导师权力，确保招生录取公平公正；有责任心和使命感，尽职尽责，确保足够的时间和精力及时给予研究生启发和指导；有仁爱之心，以德育人，以文化人。

5.业务素质精湛。具有深厚的学术造诣和执着的学术追求，关注社会需求，推动知识文化传承发展；熟悉国家招生政策，胜任考试招生工作。秉承先进教育理念，重视课程前沿引领，创新教学模式，丰富教学手段；不断提升指导能力，着力培养研究生创新能力，实现理论教学与实践指导之间的平衡，助力研究生成长成才。

三、明确研究生导师立德树人职责

6.提升研究生思想政治素质。引导研究生正确认识世界和中国发展大势，正确认识中国特色和国际比较，正确认识时代责任和历史使命，正确认识远大抱负和脚踏实地；树立正确的世界观、人生观、价值观，坚定为共产主义远大理想和中国特色社会主义共同理想而奋斗的信念，成为德智体美全面发展的高层次专门人才。

7.培养研究生学术创新能力。按照因材施教和个性化培养理念，积极参与制定执行研究生培养计划，统筹安排实践与科研活动，强化学术指导；定期与研究生沟通交流，指导研究生确定研究方向，深入开展研究；营造和谐的学术环境，培养研究生的创新意识和创新能力，激发研究生创新潜力；引导研究生跟踪学科前沿，直面学术问题，开拓学术视野，在学术研究上开展创新性工作。

8.培养研究生实践创新能力。鼓励研究生积极参加国内外学术和专业实践活动，指导研究生发表各类研究成果，培养研究生提出问题、分析问题和解决问题的能力，强化理论与实践相结合；支持和指导研究生将科研成果转化应用，推动产学研用紧密结合，提升创新创业能力。

9.增强研究生社会责任感。鼓励研究生将个人的发展进步与国家和民族的发展需要相结合，为国家富强和民族复兴贡献智慧和力量；支持和鼓励研究生参与各种社会实践和志愿服务活动，在服务人民与奉献社会的过程中实现自己的人生价值；培养研究生的国际视野和家国情怀，积极致力于构建人类命运共同体，努力成为世界文明进步的积极推动者。

10.指导研究生恪守学术道德规范。培养研究生严谨认真的治学态度和求真务实的科学精神,自觉遵守科研诚信与学术道德,自觉维护学术事业的神圣性、纯洁性与严肃性,杜绝学术不端行为;在研究生培养的各个环节,强化学术规范训练,加强职业伦理教育,提升学术道德涵养;培养研究生尊重他人劳动成果,提高知识产权保护意识。

11.优化研究生培养条件。根据不同学科、类别的研究生培养要求,积极为研究生的学习和成长创造条件,为研究生开展科学研究提供有利条件;鼓励研究生参与各种社会实践和学术交流;积极创设良好的学术交流平台,增加研究生参与社会实践和学术交流的机会;鼓励研究生积极参与课题研究,并根据实际情况,为研究生提供相应的经费支持。

12.注重对研究生人文关怀。要加强人文关怀和心理疏导,加强校规校纪教育,把解决思想问题同解决实际问题结合起来,了解学生成长环境和过程,在关心帮助研究生的过程中做好教育和引导工作。加强与研究生的交流与沟通,建立良好的师生互动机制,关注研究生的学业压力,营造良好的学习氛围,提供相应的支持和鼓励,保护研究生合法权益;关注研究生的就业压力,引导研究生做好职业生涯规划,关心研究生生活和身心健康,不断提升研究生敢于面对困难挫折的良好心理素质。

四、健全研究生导师评价激励机制

13.完善评价考核机制。坚持立德树人,把教书育人作为研究生导师评价的核心内容,突出教育教学业绩评价,将人才培养中心任务落到实处。教育行政部门要把立德树人纳入教学评估和学科评估指标体系,加强对研究生导师立德树人职责落实情况的评价;研究生培养单位要结合自身办学实际和学科特色,制订研究生导师立德树人职责考核办法,以年度考核为依托,坚持学术委员会评价、教学督导评价、研究生评价和导师自我评价相结合,建立科学、公平、公正、公开的考核体系。

14.明确表彰奖励机制。研究生培养单位要将研究生导师立德树人评价考核结果,作为人才引进、职称评定、职务晋升、绩效分配、评优评先的重要依据,充分发挥考核评价的鉴定、引导、激励和教育功能。强化示范引领,对于立德树人成绩突出的研究生导师,研究生培养单位要给予表彰与奖励,推广复制优秀导师、优秀团队的成功经验。

15.落实督导检查机制。教育行政部门和研究生培养单位要把研究生导师立德树人职责落实情况纳入教学督导范畴,加强督导检查。对于未能履行立德树人职责的研究生导师,研究生培养单位视情况采取约谈、限招、停招、取消导师资格等处理措施;对有违反师德行为的,实行一票否决,并依法依规给予相应处理。

五、强化组织保障

16.各级教育主管部门加强组织领导。尊重高校办学自主权,优化管理,强化服务,加强宏观指导;统筹协调各方资源,切实保障各项投入,为研究生导师队伍建设积极创造条件;强化督导检查,确保政策落实;突出制度建设,形成落实导师立德树人职责的长效机制。

17.研究生培养单位全面贯彻落实。制定和完善相关规章制度,强化落实,确保实效;安排专项经费用于导师队伍建设,定期组织交流、研讨,提升导师学术研究水平和研究生指导能力;尊重和保障导师自主性,维护和规范导师在招生、培养、资助、学术评价等环节中的权利;保障导师待遇,加强导师培训,支持导师参加学术交流活动和行业企业实践,逐步实现学术休假制度;改善导师治学环境,提供必要的工作场所、实验设施等条件;积极听取导师意见,营造良好校园文化环境,提升导师工作满意度。

18.倡导全社会共同关心协同参与。积极营造全社会尊师重教的良好氛围,动员各界力量关心导师队伍建设;大力宣传导师立德树人先进典型,加强榜样示范教育;倡导全社会共同关心、协同参与,促进导师立德树人工作机制的常态化科学化。

各省级教育主管部门和研究生培养单位,要根据本意见制定相关的实施细则。

教育部

2018年1月17日

附录7　中共中央　国务院关于全面深化新时代教师队伍建设改革的意见

（2018年1月20日）

百年大计，教育为本；教育大计，教师为本。为深入贯彻落实党的十九大精神，造就党和人民满意的高素质专业化创新型教师队伍，落实立德树人根本任务，培养德智体美全面发展的社会主义建设者和接班人，全面提升国民素质和人力资源质量，加快教育现代化，建设教育强国，办好人民满意的教育，为决胜全面建成小康社会、夺取新时代中国特色社会主义伟大胜利、实现中华民族伟大复兴的中国梦奠定坚实基础，现就全面深化新时代教师队伍建设改革提出如下意见。

一、坚持兴国必先强师，深刻认识教师队伍建设的重要意义和总体要求

1.战略意义。教师承担着传播知识、传播思想、传播真理的历史使命，肩负着塑造灵魂、塑造生命、塑造人的时代重任，是教育发展的第一资源，是国家富强、民族振兴、人民幸福的重要基石。党和国家历来高度重视教师工作。党的十八大以来，以习近平同志为核心的党中央将教师队伍建设摆在突出位置，作出一系列重大决策部署，各地区各部门和各级各类学校采取有力措施认真贯彻落实，教师队伍建设取得显著成就。广大教师牢记使命、不忘初衷，爱岗敬业、教书育人，改革创新、服务社会，作出了重要贡献。当今世界正处在大发展大变革大调整之中，新一轮科技和工业革命正在孕育，新的增长动能不断积聚。中国特色社会主义进入了新时代，开启了全面建设社会主义现代化国家的新征程。我国社会主要矛盾已经转化为人民日益增长的美好生活需要和不平衡不充分的发展之间的矛盾，人民对公平而有质量的教育的向往更加迫切。面对新方位、新征程、新使命，教师队伍建设还不能完全适应。有的地方对教育和教师工作重视不够，在教育事业发展中重硬件轻软件、重外延轻内涵的现象还比较突出，对教师队伍建设的支持力度亟须加大；师范教育体系有所削弱，对师范院校支持不够；有的教师素质能力难以适应新时代人才培养需要，思想政治素质和师德水平需要提升，专业化水平需要提高；教师特别是中小学教师职业吸引力不足，地位待遇有待提高；教师城乡结构、学科结构分布不尽合理，准入、招聘、交流、退出等机制还不够完善，管理体制机制亟须理顺。时代越是向前，知

识和人才的重要性就愈发突出，教育和教师的地位和作用就愈发凸显。各级党委和政府要从战略和全局高度充分认识教师工作的极端重要性，把全面加强教师队伍建设作为一项重大政治任务和根本性民生工程切实抓紧抓好。

2.指导思想。全面贯彻落实党的十九大精神，以习近平新时代中国特色社会主义思想为指导，紧紧围绕统筹推进“五位一体”总体布局和协调推进“四个全面”战略布局，坚持和加强党的全面领导，坚持以人民为中心的发展思想，坚持全面深化改革，牢固树立新发展理念，全面贯彻党的教育方针，坚持社会主义办学方向，落实立德树人根本任务，遵循教育规律和教师成长发展规律，加强师德师风建设，培养高素质教师队伍，倡导全社会尊师重教，形成优秀人才争相从教、教师人人尽展其才、好教师不断涌现的良好局面。

3.基本原则。

——确保方向。坚持党管干部、党管人才，坚持依法治教、依法执教，坚持严格管理监督与激励关怀相结合，充分发挥党委(党组)的领导和把关作用，确保党牢牢掌握教师队伍建设的领导权，保证教师队伍建设正确的政治方向。

——强化保障。坚持教育优先发展战略，把教师工作置于教育事业发展的重点支持战略领域，优先谋划教师工作，优先保障教师工作投入，优先满足教师队伍建设需要。

——突出师德。把提高教师思想政治素质和职业道德水平摆在首要位置，把社会主义核心价值观贯穿教书育人全过程，突出全员全方位全过程师德养成，推动教师成为先进思想文化的传播者、党执政的坚定支持者、学生健康成长的指导者。

——深化改革。抓住关键环节，优化顶层设计，推动实践探索，破解发展瓶颈，把管理体制改革与机制创新作为突破口，把提高教师地位待遇作为真招实招，增强教师职业吸引力。

——分类施策。立足我国国情，借鉴国际经验，根据各级各类教师的不同特点和发展实际，考虑区域、城乡、校际差异，采取有针对性的政策举措，定向发力，重视专业发展，培养一批教师；加大资源供给，补充一批教师；创新体制机制，激活一批教师；优化队伍结构，调配一批教师。

4.目标任务。经过5年左右努力，教师培养培训体系基本健全，职业发展通道比较畅通，事权人权财权相统一的教师管理体制普遍建立，待遇提升保障机制更加完善，教师职业吸引力明显增强。教师队伍规模、结构、素质能力基本满足各级各类教育发展需要。到2035年，教师综合素质、专业化水平和创新能力大幅提升，培养造就数以百万计的骨干教师、数以十万计的卓越教师、数以万计的教育家型教师。教师管理体制机制科学高效，实现教师队伍治理体系和治理能力现代化。教师主动适应信息化、人工智能等新技术变革,积极有效开展教育教学。尊师重教蔚然成风,广大教师在岗位上有幸福感、事业上有成就感、社会上有荣誉感,教师成为让人羡慕的职业。

二、着力提升思想政治素质,全面加强师德师风建设

5.加强教师党支部和党员队伍建设。将全面从严治党要求落实到每个教师党支部和教师党员,把党的政治建设摆在首位,用习近平新时代中国特色社会主义思想武装头脑,充分发挥教师党支部教育管理监督党员和宣传引导凝聚师生的战斗堡垒作用,充分发挥党员教师的先锋模范作用。选优配强教师党支部书记,注重选拔党性强、业务精、有威信、肯奉献的优秀党员教师担任教师党支部书记,实施教师党支部书记“双带头人”培育工程,定期开展教师党支部书记轮训。

坚持党的组织生活各项制度,创新方式方法,增强党的组织生活活力。健全主题党日活动制度,加强党员教师日常管理监督。推进“两学一做”学习教育常态化制度化,开展“不忘初心、牢记使命”主题教育,引导党员教师增强政治意识、大局意识、核心意识、看齐意识,自觉爱党护党为党,敬业修德,奉献社会,争做“四有”好教师的示范标杆。重视做好在优秀青年教师、海外留学归国教师中发展党员工作。健全把骨干教师培养成党员,把党员教师培养成教学、科研、管理骨干的“双培养”机制。

配齐建强高等学校思想政治工作队伍和党务工作队伍,完善选拔、培养、激励机制,形成一支专职为主、专兼结合、数量充足、素质优良的工作力量。把从事学生思想政治教育计入高等学校思想政治工作兼职教师的工作量,作为职称评审的重要依据,进一步增强开展思想政治工作的积极性和主动性。

6.提高思想政治素质。加强理想信念教育,深入学习领会习近平新时代中国特色社会主义思想,引导教师树立正确的历史观、民族观、国家观、文化观,坚定中国特色社会主义道路自信、理论自信、制度自信、文化自信。引导教师准确理解和把握社会主义核心价值观的深刻内涵,增强价值判断、选择、塑造能力,带头践行社会主义核心价值观。引导广大教师充分认识中国教育辉煌成就,扎根中国大地,办好中国教育。

加强中华优秀传统文化和革命文化、社会主义先进文化教育,弘扬爱国主义精神,引导广大教师热爱祖国、奉献祖国。创新教师思想政治工作方式方法,开辟思想政治教育新阵地,利用思想政治教育新载体,强化教师社会实践参与,推动教师充分了解党情、国情、社情、民情,增强思想政治工作的针对性和实效性。要着眼青年教师群体特点,有针对性地加强思想政治教育。落实党的知识分子政策，政治上充分信任，思想上主动引导，工作上创造条件，生活上关心照顾，使思想政治工作接地气、入人心。

7.弘扬高尚师德。健全师德建设长效机制，推动师德建设常态化长效化，创新师德教育，完善师德规范，引导广大教师以德立身、以德立学、以德施教、以德育德，坚持教书与育人相统一、言传与身教相统一、潜心问道与关注社会相统一、学术自由与学术规范相统一，争做"四有"好教师，全心全意做学生锤炼品格、学习知识、创新思维、奉献祖国的引路人。

实施师德师风建设工程。开展教师宣传国家重大题材作品立项，推出一批让人喜闻乐见、能够产生广泛影响、展现教师时代风貌的影视作品和文学作品，发掘师德典型、讲好师德故事，加强引领，注重感召，弘扬楷模，形成强大正能量。注重加强对教师思想政治素质、师德师风等的监察监督，强化师德考评，体现奖优罚劣，推行师德考核负面清单制度，建立教师个人信用记录，完善诚信承诺和失信惩戒机制，着力解决师德失范、学术不端等问题。

三、大力振兴教师教育，不断提升教师专业素质能力

8.加大对师范院校支持力度。实施教师教育振兴行动计划，建立以师范院校为主体、高水平非师范院校参与的中国特色师范教育体系，推进地方政府、高等学校、中小学"三位一体"协同育人。研究制定师范院校建设标准和师范类专业办学标准，重点建设一批师范教育基地，整体提升师范院校和师范专业办学水平。鼓励各地结合实际，适时提高师范专业生均拨款标准，提升师范教育保障水平。切实提高生源质量，对符合相关政策规定的，采取到岗退费或公费培养、定向培养等方式，吸引优秀青年踊跃报考师范院校和师范专业。完善教育部直属师范大学师范生公费教育政策，履约任教服务期调整为 6 年。改革招生制度，鼓励部分办学条件好、教学质量高院校的师范专业实行提前批次录取或采取入校后二次选拔方式，选拔有志于从教的优秀学生进入师范专业。加强教师教育学科建设。教育硕士、教育博士授予单位及授权点向师范院校倾斜。强化教师教育师资队伍建设，在专业发展、职称晋升和岗位聘用等方面予以倾斜支持。师范院校评估要体现师范教育特色，确保师范院校坚持以师范教育为主业，严控师范院校更名为非师范院校。开展师范类专业认证，确保教师培养质量。

9.支持高水平综合大学开展教师教育。创造条件，推动一批有基础的高水平综合大学成立教师教育学院，设立师范专业，积极参与基础教育、职业教育教师培养培训工作。整合优势学科的学术力量，凝聚高水平的教学团队。发挥专业优势，开设厚基础、宽口径、多样化的教师教育课程。创新教师培养形态，突出教师教育特色，重点培养教育硕士，适度培养教育博士，造就学科知识扎实、专业能力突出、教育情怀深厚的高素质复合型教师。

10.全面提高中小学教师质量，建设一支高素质专业化的教师队伍。提高教师培养层次，提升教师培养质量。推进教师培养供给侧结构性改革，为义务教育学校侧重培养素质全面、业务见长的本科层次教师，为高中阶段教育学校侧重培养专业突出、底蕴深厚的研究生层次教师。大力推动研究生层次教师培养，增加教育硕士招生计划，向中西部地区和农村地区倾斜。根据基础教育改革发展需要，以实践为导向优化教师教育课程体系，强化“钢笔字、毛笔字、粉笔字和普通话”等教学基本功和教学技能训练，师范生教育实践不少于半年。加强紧缺薄弱学科教师、特殊教育教师和民族地区双语教师培养。开展中小学教师全员培训，促进教师终身学习和专业发展。转变培训方式，推动信息技术与教师培训的有机融合，实行线上线下相结合的混合式研修。改进培训内容，紧密结合教育教学一线实际，组织高质量培训，使教师静心钻研教学，切实提升教学水平。推行培训自主选学，实行培训学分管理，建立培训学分银行，搭建教师培训与学历教育衔接的“立交桥”。建立健全地方教师发展机构和专业培训者队伍，依托现有资源，结合各地实际，逐步推进县级教师发展机构建设与改革，实现培训、教研、电教、科研部门有机整合。继续实施教师国培计划。鼓励教师海外研修访学。

加强中小学校长队伍建设，努力造就一支政治过硬、品德高尚、业务精湛、治校有方的校长队伍。面向全体中小学校长，加大培训力度，提升校长办学治校能力，打造高品质学校。实施校长国培计划，重点开展乡村中小学骨干校长培训和名校长研修。支持教师和校长大胆探索，创新教育思想、教育模式、教育方法，形成教学特色和办学风格，营造教育家脱颖而出的制度环境。

11.全面提高幼儿园教师质量，建设一支高素质善保教的教师队伍。办好一批幼儿师范专科学校和若干所幼儿师范学院，支持师范院校设立学前教育专业，培养热爱学前教育事业，幼儿为本、才艺兼备、擅长保教的高水平幼儿园教师。创新幼儿园教师培养模式，前移培养起点，大力培养初中毕业起点的五年制专科层次幼儿园教师。优化幼儿园教师培养课程体系，突出保教融合，科学开设儿童发展、保育活动、教育活动类课程，强化实践性课程，培养学前教育师范生综合能力。

建立幼儿园教师全员培训制度，切实提升幼儿园教师科学保教能力。加大幼儿园园长、乡村幼儿园教师、普惠性民办幼儿园教师的培训力度。创新幼儿园教师培训模式，依托高等学校和优质幼儿园，重点采取集中培训与跟岗实践相结合的方式培训幼儿园教师。鼓励师范院校与幼儿园协同建立幼儿园教师培养培训基地。

12.全面提高职业院校教师质量,建设一支高素质双师型的教师队伍。继续实施职业院校教师素质提高计划,引领带动各地建立一支技艺精湛、专兼结合的双师型教师队伍。加强职业技术师范院校建设,支持高水平学校和大中型企业共建双师型教师培养培训基地,建立高等学校、行业企业联合培养双师型教师的机制。切实推进职业院校教师定期到企业实践,不断提升实践教学能力。建立企业经营管理者、技术能手与职业院校管理者、骨干教师相互兼职制度。

13.全面提高高等学校教师质量,建设一支高素质创新型的教师队伍。着力提高教师专业能力,推进高等教育内涵式发展。搭建校级教师发展平台,组织研修活动,开展教学研究与指导,推进教学改革与创新。加强院系教研室等学习共同体建设,建立完善传帮带机制。全面开展高等学校教师教学能力提升培训,重点面向新入职教师和青年教师,为高等学校培养人才培育生力军。重视各级各类学校辅导员专业发展。结合"一带一路"建设和人文交流机制,有序推动国内外教师双向交流。支持孔子学院教师、援外教师成长发展。

服务创新型国家和人才强国建设、世界一流大学和一流学科建设,实施好千人计划、万人计划、长江学者奖励计划等重大人才项目,着力打造创新团队,培养引进一批具有国际影响力的学科领军人才和青年学术英才。加强高端智库建设,依托人文社会科学重点研究基地等,汇聚培养一大批哲学社会科学名家名师。高等学校高层次人才遴选和培育中要突出教书育人,让科学家同时成为教育家。

四、深化教师管理综合改革,切实理顺体制机制

14.创新和规范中小学教师编制配备。适应加快推进教育现代化的紧迫需求和城乡教育一体化发展改革的新形势,充分考虑新型城镇化、全面二孩政策及高考改革等带来的新情况,根据教育发展需要,在现有编制总量内,统筹考虑、合理核定教职工编制,盘活事业编制存量,优化编制结构,向教师队伍倾斜,采取多种形式增加教师总量,优先保障教育发展需要。落实城乡统一的中小学教职工编制标准,有条件的地方出台公办幼儿园人员配备规范、特殊教育学校教职工编制标准。创新编制管理,加大教职工编制统筹配置和跨区域调整力度,省级统筹、市域调剂、以县为主,动态调配。编制向乡村小规模学校倾斜,按照班师比与生师比相结合的方式核定。加强和规范中小学教职工编制管理,严禁挤占、挪用、截留编制和有编不补。实行教师编制配备和购买工勤服务相结合,满足教育快速发展需求。

15.优化义务教育教师资源配置。实行义务教育教师“县管校聘”。深入推进县域内义务教育学校教师、校长交流轮岗，实行教师聘期制、校长任期制管理，推动城镇优秀教师、校长向乡村学校、薄弱学校流动。实行学区（乡镇）内走教制度，地方政府可根据实际给予相应补贴。

逐步扩大农村教师特岗计划实施规模，适时提高特岗教师工资性补助标准。

鼓励优秀特岗教师攻读教育硕士。鼓励地方政府和相关院校因地制宜采取定向招生、定向培养、定期服务等方式，为乡村学校及教学点培养“一专多能”教师，优先满足老少边穷地区教师补充需要。实施银龄讲学计划，鼓励支持乐于奉献、身体健康的退休优秀教师到乡村和基层学校支教讲学。

16.完善中小学教师准入和招聘制度。完善教师资格考试政策，逐步将修习教师教育课程、参加教育教学实践作为认定教育教学能力、取得教师资格的必备条件。新入职教师必须取得教师资格。严格教师准入，提高入职标准，重视思想政治素质和业务能力，根据教育行业特点，分区域规划，分类别指导，结合实际，逐步将幼儿园教师学历提升至专科，小学教师学历提升至师范专业专科和非师范专业本科，初中教师学历提升至本科，有条件的地方将普通高中教师学历提升至研究生。建立符合教育行业特点的中小学、幼儿园教师招聘办法，遴选乐教适教善教的优秀人才进入教师队伍。按照中小学校领导人员管理暂行办法，明确任职条件和资格，规范选拔任用工作，激发办学治校活力。

17.深化中小学教师职称和考核评价制度改革。适当提高中小学中级、高级教师岗位比例，畅通教师职业发展通道。完善符合中小学特点的岗位管理制度，实现职称与教师聘用衔接。将中小学教师到乡村学校、薄弱学校任教1年以上的经历作为申报高级教师职称和特级教师的必要条件。推行中小学校长职级制改革，拓展职业发展空间，促进校长队伍专业化建设。

进一步完善职称评价标准，建立符合中小学教师岗位特点的考核评价指标体系，坚持德才兼备、全面考核，突出教育教学实绩，引导教师潜心教书育人。加强聘后管理，激发教师的工作活力。完善相关政策，防止形式主义的考核检查干扰正常教学。不简单用升学率、学生考试成绩等评价教师。实行定期注册制度，建立完善教师退出机制，提升教师队伍整体活力。加强中小学校长考核评价，督促提高素质能力，完善优胜劣汰机制。

18.健全职业院校教师管理制度。根据职业教育特点，有条件的地方研究制定中等职业学校人员配备规范。完善职业院校教师资格标准，探索将行业企业从业经历作为认定教育教学能力、取得专业课教师资格的必要条件。落实职业院校用人自主权，完善教师招聘办法。推动固定岗和流动岗相结合的职业院校教师人事管理制度改革。支持职业院校专设流动岗位，适应产业发展和参与全球产业竞争需求，大力引进行业企业一流人才，吸引具有创新实践经验的企业家、高科技人才、高技能人才等兼职任教。完善职业院校教师考核评价制度，双师型教师考核评价要充分体现技能水平和专业教学能力。

19.深化高等学校教师人事制度改革。积极探索实行高等学校人员总量管理。严把高等学校教师选聘入口关，实行思想政治素质和业务能力双重考察。

严格教师职业准入，将新入职教师岗前培训和教育实习作为认定教育教学能力、取得高等学校教师资格的必备条件。适应人才培养结构调整需要，优化高等学校教师结构，鼓励高等学校加大聘用具有其他学校学习工作和行业企业工作经历教师的力度。配合外国人永久居留制度改革，健全外籍教师资格认证、服务管理等制度。帮助高等学校青年教师解决住房等困难。

推动高等学校教师职称制度改革，将评审权直接下放至高等学校，由高等学校自主组织职称评审、自主评价、按岗聘任。条件不具备、尚不能独立组织评审的高等学校，可采取联合评审的方式。推行高等学校教师职务聘任制改革，加强聘期考核，准聘与长聘相结合，做到能上能下、能进能出。教育、人力资源社会保障等部门要加强职称评聘事中事后监管。深入推进高等学校教师考核评价制度改革，突出教育教学业绩和师德考核，将教授为本科生上课作为基本制度。坚持正确导向，规范高层次人才合理有序流动。

五、不断提高地位待遇，真正让教师成为令人羡慕的职业

20.明确教师的特别重要地位。突显教师职业的公共属性，强化教师承担的国家使命和公共教育服务的职责，确立公办中小学教师作为国家公职人员特殊的法律地位，明确中小学教师的权利和义务，强化保障和管理。各级党委和政府要切实负起中小学教师保障责任，提升教师的政治地位、社会地位、职业地位，吸引和稳定优秀人才从教。公办中小学教师要切实履行作为国家公职人员的义务，强化国家责任、政治责任、社会责任和教育责任。

21.完善中小学教师待遇保障机制。健全中小学教师工资长效联动机制，核定绩效工资总量时统筹考虑当地公务员实际收入水平，确保中小学教师平均工资收入水平不低于或高于当地公务员平均工资收入水平。完善教师收入分配激励机制，有效体现教师工作量和工作绩效，绩效工资分配向班主任和特殊教育教师倾斜。实行中小学校长职级制的地区，根据实际实施相应的校长收入分配办法。

22.大力提升乡村教师待遇。深入实施乡村教师支持计划，关心乡村教师生活。认真落实艰苦边远地区津贴等政策，全面落实集中连片特困地区乡村教师生活补助政策，依据学校艰苦边远程度实行差别化补助，鼓励有条件的地方提高补助标准，努力惠及更多乡村教师。加强乡村教师周转宿舍建设，按规定将符合条件的教师纳入当地住房保障范围，让乡村教师住有所居。拿出务实举措，帮助乡村青年教师解决困难，关心乡村青年教师工作生活，巩固乡村青年教师队伍。在培训、职称评聘、表彰奖励等方面向乡村青年教师倾斜，优化乡村青年教师发展环境，加快乡村青年教师成长步伐。为乡村教师配备相应设施，丰富精神文化生活。

23.维护民办学校教师权益。完善学校、个人、政府合理分担的民办学校教师社会保障机制，民办学校应与教师依法签订合同，按时足额支付工资，保障其福利待遇和其他合法权益，并为教师足额缴纳社会保险费和住房公积金。依法保障和落实民办学校教师在业务培训、职务聘任、教龄和工龄计算、表彰奖励、科研立项等方面享有与公办学校教师同等权利。

24.推进高等学校教师薪酬制度改革。建立体现以增加知识价值为导向的收入分配机制，扩大高等学校收入分配自主权，高等学校在核定的绩效工资总量内自主确定收入分配办法。高等学校教师依法取得的科技成果转化奖励收入，不纳入本单位工资总额基数。完善适应高等学校教学岗位特点的内部激励机制，对专职从事教学的人员，适当提高基础性绩效工资在绩效工资中的比重，加大对教学型名师的岗位激励力度。

25.提升教师社会地位。加大教师表彰力度。大力宣传教师中的“时代楷模”和“最美教师”。开展国家级教学名师、国家级教学成果奖评选表彰，重点奖励贡献突出的教学一线教师。做好特级教师评选，发挥引领作用。做好乡村学校从教30年教师荣誉证书颁发工作。各地要按照国家有关规定，因地制宜开展多种形式的教师表彰奖励活动，并落实相关优待政策。鼓励社会团体、企事业单位、民间组织对教师出资奖励，开展尊师活动，营造尊师重教良好社会风尚。

建设现代学校制度，体现以人为本，突出教师主体地位，落实教师知情权、参与权、表达权、监督权。建立健全教职工代表大会制度，保障教师参与学校决策的民主权利。推行中国特色大学章程，坚持和完善党委领导下的校长负责制，充分发挥教师在高等学校办学治校中的作用。维护教师职业尊严和合法权益，关心教师身心健康，克服职业倦怠，激发工作热情。

六、切实加强党的领导，全力确保政策举措落地见效

26.强化组织保障。各级党委和政府要满腔热情关心教师，充分信任、紧紧依靠广大教师。要切实加强领导，实行一把手负责制，紧扣广大教师最关心、最

直接、最现实的重大问题，找准教师队伍建设的突破口和着力点，坚持发展抓公平、改革抓机制、整体抓质量、安全抓责任、保证抓党建，把教师工作记在心里、扛在肩上、抓在手中，摆上重要议事日程，细化分工，确定路线图、任务书、时间表和责任人。主要负责同志和相关责任人要切实做到实事求是、求真务实，善始善终、善作善成，把准方向、敢于担当，亲力亲为、抓实工作。

各省、自治区、直辖市党委常委会每年至少研究一次教师队伍建设工作。建立教师工作联席会议制度，解决教师队伍建设重大问题。相关部门要制定切实提高教师待遇的具体措施。研究修订教师法。统筹现有资源，壮大全国教师工作力量，培育一批专业机构，专门研究教师队伍建设重大问题，为重大决策提供支撑。

27.强化经费保障。各级政府要将教师队伍建设作为教育投入重点予以优先保障，完善支出保障机制，确保党和国家关于教师队伍建设重大决策部署落实到位。优化经费投入结构，优先支持教师队伍建设最薄弱、最紧迫的领域，重点用于按规定提高教师待遇保障、提升教师专业素质能力。加大师范教育投入力度。健全以政府投入为主、多渠道筹集教育经费的体制，充分调动社会力量投入教师队伍建设的积极性。制定严格的经费监管制度，规范经费使用，确保资金使用效益。

各级党委和政府要将教师队伍建设列入督查督导工作重点内容，并将结果作为党政领导班子和有关领导干部综合考核评价、奖惩任免的重要参考，确保各项政策措施全面落实到位，真正取得实效。

附录8 教育部关于建立健全高校师德建设长效机制的意见

教师〔2014〕10号

各省、自治区、直辖市教育厅(教委),有关部门(单位)教育司(局),新疆生产建设兵团教育局,部属各高等学校:

为深入贯彻习近平总书记9月9日在北京师范大学师生代表座谈会上的重要讲话精神,积极引导广大高校教师做有理想信念、有道德情操、有扎实学识、有仁爱之心的党和人民满意的好老师,大力加强和改进师德建设,努力培养造就一支师德高尚、业务精湛、结构合理、充满活力的高素质专业化高校教师队伍,现就建立健全高校师德建设长效机制提出如下意见:

一、深刻认识新时期建立健全高校师德建设长效机制的重要性和紧迫性

高校教师的思想政治素质和道德情操直接影响着青年学生世界观、人生观、价值观的养成,决定着人才培养的质量,关系着国家和民族的未来。加强和改进高校师德建设工作,对于全面提高高等教育质量、推进高等教育事业科学发展,培养中国特色社会主义事业的建设者和接班人、实现中华民族伟大复兴的中国梦,具有重大而深远的意义。

长期以来,广大高校教师忠诚党的教育事业,呕心沥血、默默奉献,潜心治学、教书育人,敢于担当、锐意创新,为高等教育改革发展做出了巨大贡献,赢得了全社会广泛赞誉和普遍尊重。但是,当前社会变革转型时期所带来的负面现象也对教师产生影响。少数高校教师理想信念模糊,育人意识淡薄,教学敷衍,学风浮躁,甚至学术不端,言行失范、道德败坏等,严重损害了高校教师的社会形象和职业声誉。一些地方和高校对新时期师德建设重视不够,工作方法陈旧、实效性不强。各地各高校要充分认识新时期加强和改进高校师德建设工作的重要性和紧迫性,建立健全高校师德建设长效机制,从根本上遏制和杜绝高校师德失范现象的发生,切实提高高校师德建设水平,全面提升高校教师师德素养。

二、建立健全高校师德建设长效机制的原则和要求

建立健全高校师德建设长效机制的基本原则:坚持价值引领,以社会主义

核心价值观为高校教师崇德修身的基本遵循，促进高校教师带头培育和践行社会主义核心价值观。坚持师德为上，以立德树人为出发点和立足点，找准与高校教师思想的共鸣点，增强高校师德建设的针对性和贴近性，培育高校教师高尚道德情操。坚持以人为本，关注高校教师发展诉求和价值愿望，落实高校教师主体地位，激发高校教师的责任感使命感。坚持改进创新，不断探索新时期高校师德建设的规律特点，善于运用高校教师喜闻乐见的方式方法，增强高校师德建设的实际效果。

建立健全高校师德建设长效机制的工作要求：充分尊重高校教师主体地位，注重宣传教育、示范引领、实践养成相统一，政策保障、制度规范、法律约束相衔接，建立教育、宣传、考核、监督与奖惩相结合的高校师德建设工作机制，引导广大高校教师自尊自律自强，做学生敬仰爱戴的品行之师、学问之师，做社会主义道德的示范者、诚信风尚的引领者、公平正义的维护者。

三、建立健全高校师德建设长效机制的主要举措

创新师德教育，引导教师树立崇高理想。将师德教育摆在高校教师培养首位，贯穿高校教师职业生涯全过程。青年教师入职培训必须开设师德教育专题。要将师德教育作为优秀教师团队培养，骨干教师、学科带头人和学科领军人物培育的重要内容。重点加强社会主义核心价值观教育，重视理想信念教育、法制教育和心理健康教育。创新教育理念、模式和手段。建立师德建设专家库，把高校师德重大典型、全国教书育人楷模、一线优秀教师等请进课堂，用他们的感人事迹诠释师德内涵。举行新教师入职宣誓仪式和老教师荣休仪式。结合教学科研、社会服务活动开展师德教育，鼓励广大高校教师参与调查研究、学习考察、挂职锻炼、志愿服务等实践活动，切实增强师德教育效果。

加强师德宣传，培育重德养德良好风尚。把握正确舆论导向，坚持师德宣传制度化、常态化，将师德宣传作为高校宣传思想工作的重要组成部分。系统宣讲《教育法》《高等教育法》《教师法》和教育规划纲要等法规文件中有关师德的要求，宣传普及《高校教师职业道德规范》。把培育良好师德师风作为大学校园文化建设的核心内容，挖掘和提炼名家名师为人为学为师的大爱师魂，生动展现当代高校教师的精神风貌。充分利用教师节等重大节庆日、纪念日契机，通过电视、广播、报纸、网站及微博、微信、微电影等新媒体形式，集中宣传高校优秀教师的典型事迹，努力营造崇尚师德、争创师德典型的良好舆论环境和社会氛围。对于高校师德建设中出现的热点难点问题，要及时应对并有效引导。

健全师德考核，促进教师提高自身修养。将师德考核作为高校教师考核的重要内容。师德考核要充分尊重教师主体地位，坚持客观公正、公平公开原则，采取个人自评、学生测评、同事互评、单位考评等多种形式进行。考核结果应通知教师本人，考核优秀的应当予以公示表彰，确定考核不合格者应当向教师说明理由，听取教师本人意见。考核结果存入教师档案。师德考核不合格者年度考核应评定为不合格，并在教师职务（职称）评审、岗位聘用、评优奖励等环节实行一票否决。高校结合实际制定师德考核的具体实施办法。

强化师德监督，有效防止师德失范行为。将师德建设作为高校教育质量督导评估重要内容。高校要建立健全师德建设年度评议、师德状况调研、师德重大问题报告和师德舆情快速反应制度，及时研究加强和改进师德建设的政策措施。构建高校、教师、学生、家长和社会多方参与的师德监督体系。健全完善学生评教机制。充分发挥教职工代表大会、工会、学术委员会、教授委员会等在师德建设中的作用。高校及主管部门建立师德投诉举报平台，及时掌握师德信息动态，及时纠正不良倾向和问题。对师德问题做到有诉必查，有查必果，有果必复。

注重师德激励，引导教师提升精神境界。完善师德表彰奖励制度，将师德表现作为评奖评优的首要条件。在同等条件下，师德表现突出的，在教师职务（职称）晋升和岗位聘用，研究生导师遴选，骨干教师、学科带头人和学科领军人物选培，各类高层次人才及资深教授、荣誉教授等评选中优先考虑。

严格师德惩处，发挥制度规范约束作用。建立健全高校教师违反师德行为的惩处机制。高校教师不得有下列情形：损害国家利益，损害学生和学校合法权益的行为；在教育教学活动中有违背党的路线方针政策的言行；在科研工作中弄虚作假、抄袭剽窃、篡改侵吞他人学术成果、违规使用科研经费以及滥用学术资源和学术影响；影响正常教育教学工作的兼职兼薪行为；在招生、考试、学生推优、保研等工作中徇私舞弊；索要或收受学生及家长的礼品、礼金、有价证券、支付凭证等财物；对学生实施性骚扰或与学生发生不正当关系；其他违反高校教师职业道德的行为。有上述情形的，依法依规分别给予警告、记过、降低专业技术职务等级、撤销专业技术职务或者行政职务、解除聘用合同或者开除。对严重违法违纪的要及时移交相关部门。建立问责机制，对教师严重违反师德行为监管不力、拒不处分、拖延处分或推诿隐瞒，造成不良影响或严重后果的，要追究高校主要负责人的责任。

四、充分激发高校教师加强师德建设的自觉性

广大高校教师要充分认识自己所承担的庄严而神圣的使命，发扬主人翁精神，自觉捍卫职业尊严，珍惜教师声誉，提升师德境界。要将师德修养自觉纳入职业生涯规划，明确师德发展目标。要通过自主学习，自我改进，将师德规范转

化为稳定的内在信念和行为品质。要将师德规范积极主动融入教育教学、科学研究和服务社会的实践中，提高师德践行能力。要弘扬重内省、重慎独的优良传统，在细微处见师德，在日常中守师德，养成师德自律习惯。

高校要健全教师主体权益保障机制，根据《教育法》《高等教育法》《教师法》等法律法规和高等学校章程，明确并落实教师在高校办学中的主体地位。完善教师参与治校治学机制，在干部选拔任用、专业技术职务评聘、学术评价和各种评优选拔活动中，充分保障教师的知情权、参与权、表达权和监督权。创设公平正义、风清气正的环境条件。充分尊重教师的专业自主权，保障教师依法行使学术权利和学业评定权利。保护教师正当的申辩、申诉权利，依法建立教师权益保护机制，维护教师合法权益。健全教师发展制度，构建完整的职业发展体系，鼓励支持教师参加培训、开展学术交流合作。

五、切实明确高校师德建设工作的责任主体

高校是师德建设的责任主体，主要负责人是师德建设的第一责任人。高校要明确师德建设的牵头部门，成立组织、宣传、纪检监察、人事、教务、科研、工会、学术委员会等相关责任部门和组织协同配合的师德建设委员会；建立和完善党委统一领导、党政齐抓共管、院系具体落实、教师自我约束的领导体制和工作机制，形成师德建设合力。要建立一岗双责的责任追究机制。要加大师德建设经费投入力度，为师德建设提供坚实保障。

高校主管部门要把师德建设摆在教师队伍建设的首位，主要领导亲自负责，并落实具体职能机构和人员。建立和完善师德建设督导评估制度，不断加大督导检查力度。支持高校设立师德建设研修基地，搭建教育交流平台，积极探索师德建设的特点和规律，不断提升师德建设科学化水平。

各地各校要根据实际制订具体的实施办法。

教育部
2014 年 9 月 29 日

附录9　新时代高校教师职业行为十项准则

教师是人类灵魂的工程师，是人类文明的传承者。长期以来，广大教师贯彻党的教育方针，教书育人，呕心沥血，默默奉献，为国家发展和民族振兴作出了重大贡献。新时代对广大教师落实立德树人根本任务提出新的更高要求，为进一步增强教师的责任感、使命感、荣誉感，规范职业行为，明确师德底线，引导广大教师努力成为有理想信念、有道德情操、有扎实学识、有仁爱之心的好老师，着力培养德智体美劳全面发展的社会主义建设者和接班人，特制定以下准则。

一、坚定政治方向。坚持以习近平新时代中国特色社会主义思想为指导，拥护中国共产党的领导，贯彻党的教育方针；不得在教育教学活动中及其他场合有损害党中央权威、违背党的路线方针政策的言行。

二、自觉爱国守法。忠于祖国，忠于人民，恪守宪法原则，遵守法律法规，依法履行教师职责；不得损害国家利益、社会公共利益，或违背社会公序良俗。

三、传播优秀文化。带头践行社会主义核心价值观，弘扬真善美，传递正能量；不得通过课堂、论坛、讲座、信息网络及其他渠道发表、转发错误观点，或编造散布虚假信息、不良信息。

四、潜心教书育人。落实立德树人根本任务，遵循教育规律和学生成长规律，因材施教，教学相长；不得违反教学纪律，敷衍教学，或擅自从事影响教育教学本职工作的兼职兼薪行为。

五、关心爱护学生。严慈相济，诲人不倦，真心关爱学生，严格要求学生，做学生良师益友；不得要求学生从事与教学、科研、社会服务无关的事宜。

六、坚持言行雅正。为人师表，以身作则，举止文明，作风正派，自重自爱；不得与学生发生任何不正当关系，严禁任何形式的猥亵、性骚扰行为。

七、遵守学术规范。严谨治学，力戒浮躁，潜心问道，勇于探索，坚守学术良知，反对学术不端；不得抄袭剽窃、篡改侵吞他人学术成果，或滥用学术资源和学术影响。

八、秉持公平诚信。坚持原则，处事公道，光明磊落，为人正直；不得在招生、考试、推优、保研、就业及绩效考核、岗位聘用、职称评聘、评优评奖等工作中徇私舞弊、弄虚作假。

九、坚守廉洁自律。严于律己，清廉从教；不得索要、收受学生及家长财物，不得参加由学生及家长付费的宴请、旅游、娱乐休闲等活动，或利用家长资源谋取私利。

十、积极奉献社会。履行社会责任，贡献聪明才智，树立正确义利观；不得假公济私，擅自利用学校名义或校名、校徽、专利、场所等资源谋取个人利益。

参考文献

[1]陈静:《教师道德建设》,华中师范大学出版社 2006 年版。

[2]陈永明、钟启泉:《现代教师论》,上海教育出版社 1999 年版。

[3]傅道春:《教师的成长与发展》,教育科学出版社 2001 年版。

[4]冯益谦、谢文新:《教师职业道德导论》,华中师范大学出版社 2014 年版。

[5]郭黎岩:《心理学》,南京大学出版社 2002 年版。

[6]黄晓光:《教师职业道德修养》,东北师范大学出版社 2009 年版。

[7]李春秋:《高等学校教师职业道德修养》,北京师范大学出版社 2000 年版。

[8]李道仁:《德育学》,陕西人民教育出版社 1986 年版。

[9]李建华:《高校教师职业道德修养》,湖南人民出版社 2010 年版。

[10]李亚男:《教师的人格修炼》,东北师范大学出版社 2010 年版。

[11]林崇德:《师魂——教育大计师德为本》,高等教育出版社 2014 年版。

[12]刘纯龙:《高校教师职业道德修养与规范》,高等教育出版社 2019 年版。

[13]刘守旗:《教师职业道德新编》,南京大学出版社 2010 年版。

[14]钱焕琦:《教师职业道德》,华东师范大学出版社 2008 年版。

[15]宋明:《高等学校教师职业道德修养》,湖南师范大学出版社 2019 年版。

[16]魏英敏:《新伦理学教程》,北京大学出版社 1993 年版。

[17]邢永富、吕秋芳:《高等学校教师职业道德修养》,首都师范大学出版社 2007 年版。

[18]张朝珍:《教师教学决策的运行机制研究》,中国社会科学出版社 2016 年版。

[19]郑禾:《教师职业道德修养》,对外经济贸易大学出版社 2004 年版。

[20]张乐天:《教育政策法规的理论与实践》,华东师范大学出版社 2009 年版。

[21]张伟:《职业道德与法律教学参考书》,高等教育出版社 2009 年版。

[22]赵国柱、陈旭光:《师德新说》,开明出版社 2009 年版。

[23]朱永新:《我的教育理想》,南京师范大学出版社 2000 年版。

[24](战国)子思撰,张凤娟点校:《礼记·中庸》,内蒙古人民出版社 2007 年版。

[25](战国)庄子及弟子撰,杨柳桥点校:《庄子》,上海古籍出版社 2007 年版。

[26](汉)杨雄撰,秦艳华点校:《法言》,山东友谊出版社 2001 年版。

[27](南宋)王应麟撰,吕苗苗点校:《三字经》,陕西旅游出版社 2006 年版。

[28](明)冯梦龙撰,(清)蔡元放编:《东周列国志》,人民文学出版社 1979 年版。

[29][德]黑格尔:《精神现象学》,贺麟、王玖兴译,商务印书馆 1979 年版。

[30][瑞士]让·皮亚杰:《儿童的道德判断》,傅统先、陆有铨译,山东教育出版社 1984 年版。

[31]《列宁全集》第 39 卷,人民出版社 1986 年版。

[32]《马克思恩格斯全集》第 40 卷,人民出版社 1979 年版。

[33]白忠玉:《新进高校教师职业道德塑造的思考》,《黑龙江教育(理论与实践)》2019 年第 10 期。

[34]储冬生:《学科素养:教师专业发展的基石》,《小学教学研究》2015 年第 25 期。

[35]邓友霞、刘定邦:《情感是诱发学生道德高尚的纽带》,《读与写》2011 年第 12 期。

[36]傅维利、于颖:《教师职业道德的独特品性及其价值实现》,《教育研究》2019 年第 11 期。

[37]胡艳:《改善教师人际关系的新视角》,《辽宁教育》2015 年第 12 期。

[38]回保华:《教师学科素养现状及内涵提升路径探析 》,《基础教育参考》2016 年第 20 期。

[39]贾亚青:《个性心理品质与成才》,《人才资源开发》2011 年第 1 期。

[40]李秋华:《现代职业教育发展背景下高职院校的教风建设》,《中国高教研究》2013 年第 11 期。

[41]吕军林:《当代教师应树立怎样的人生观》,《科教文汇》2007 年第 3 期。

[42]马瑞阳:《立德树人背景下高校教师职业道德修养的提升路径分析》,《艺术科技》2019年第12期。

[43]田俊雷、文中晴:《基于多维视角的高校教师服务社会职能》,《学理论》2012第10期。

[44]王家成:《教师应学会保持愉悦心境》,《人民教育》2010年第2期。

[45]王静喻:《教师心理品质特征探析》,《贵州工业大学学报》(社会科学版)2006年第4期。

[46]杨帆:《高校教师职业道德内化探析》,《吉林省教育学院学报》2014年第1期。

[47]张宁娟:《师德规范:应行走在他律与自律之间》,《中国教师》2007年第2期。

[48]赵天星:《探析高校教师如何在教育教学实践中提升教师职业道德修养》,《明日风尚》2019年第7期。

[49]张元:《自我认知的实现路径》,《宁夏社会科学》2013年第5期。

[50]朱梦华:《西方视域中的教师反思、内涵、价值与实践路径》,《教师发展研究》2018年第3期。

后 记

青年教师是推动高等教育事业科学发展、办好人民满意高等教育的重要力量。本书为高校青年教师成长基础系列丛书之一，注重马克思主义理论与伦理学、教育学、心理学、社会学和思想政治教育学等学科的有机结合，从高校教师职业道德修养与规范的内涵、道德内化、道德品质、人格塑造等角度出发，挖掘高校教师职业道德的行为选择及评价问题，推进青年教师师德师风建设，强化职业理想和职业道德教育，激发青年教师树立崇高的职业理想，帮助广大青年教师坚定理想信念，练就过硬本领，勇于创新创造，矢志艰苦奋斗，锤炼高尚品格，全面提高思想政治素质和业务能力。

参与本书各章编写的专家是：白金山老师（第一章、第二章）、胡秀俊老师（第三章、第四章）、刘冉冉老师（第五章、第六章）、李学坤老师（第七章、第八章），全书由白金山老师统稿。

在此，对各位专家的辛勤劳动表示衷心的感谢。鉴于编者水平有限，书中观点难免有偏颇之处，敬请各位读者和同仁给予斧正，以便在今后的修订中进一步完善。

编　者

2020 年 9 月 1 日